유쾌하게 심심한
귀엽게 심각한
재미있게 조심스러운
당신에게

이다은 드림

프롤로그

    나는 그렇게 누굴 웃기려 든다. 개그맨만큼이나 웃음 욕심이 있다. 대화할 때 순간순간 떠오르는 재치를 적절한 타이밍에 던지는 건 이래봬도 꽤 어려운 일이다. 아이디어와 순발력과 눈치가 조화롭게 버무려져야하기 때문이다. 다행히 열 번 시도하면 여덟 아홉은 성공하는 편이라, 나의 재치를 믿고 무슨 말이든 여유있게 받아치곤 한다. 누군가의 웃음소리를 듣느라 살짝 숨을 죽이는 그 때. 그렇게 기분이 좋다.

    읽다보니 '난 정말 웃긴 사람'이라고 광고를 하고 있다. 이

왕이면 웃긴 사람이라기보다는 유쾌한 사람이라는 표현을 쓰고 싶다. '유쾌'라는 가볍고 상쾌한 태도가 마음에 들어서다. 본격적으로 나를 광고하자면, "전 정말 유쾌한 사람이랍니다! 주변 사람들도 절 그렇게 생각해요…."

진짜 웃긴 사람, 진짜 똑똑한 사람 등등. 진짜는 말하지 않아도 사람들이 알아보는 법이다. 그렇지만 없어 보일 위험을 무릅쓰고 내 유쾌함을 자랑한 이유가 있다. 내게는 또 하나의 강력한 자아가 있기 때문이다. 아주 소심한 이다은이다. '소심하다'는 '대담하지 못하고 조심성이 지나치게 많다'는 뜻이다. 문제는 내 소심함이 글을 쓸 때 엄청 강력해진다는 것이다. 고로 이 책을 읽은 사람들은 나를 마냥 소심한 사람이라고 생각할 확률이 매우 높다. 난 이렇게나 유쾌한 사람인데!

이번에 나는 출간 계약을 먼저 하고 나서 원고를 썼다. 글보다 계약서를 먼저 쓸 줄이야. 내 생애 최초였다. (두 번 계약 중 최초) 이런 저런 느낌으로 써보겠다는 내 포부는 새하얀 화면 앞에서 금방 움츠러들었다. 너무너무 잘 쓰고 싶은 마음에 힘을 잔뜩 주고 썼다. 한 문장 한 문장 진지하게 쓰고 제목도 신중하게 짓고.

어느 날 평소처럼 글을 다 쓰고 나서 제목을 붙였다. 별 고민 없이 다섯 글자로 짧게 지었는데 마음에 쏙 들었다. 고민을 많이 한 어떤 제목보다도 말이다. 구구절절 어렵게 쓴 글들이 가볍고 귀여운 포장지로 감싸지는 기분이었다. 미리 써놨던 글의 제목도, 그 이후에 쓴 글의 제목도 모두 다섯 글자로 지었다. 모든 제목을 다섯 글자에 맞춰서 짓는 게 가능할까? 싶었는데 오래 고민한 적이 한 번도 없다. 오히려 제목을 지을 때면 가벼워졌다.

그때부터 글을 쓸 때도 힘이 조금씩 빠졌다. 조심스럽고 진지하던 글에 살포시 유쾌한 양념을 칠 수 있을 정도로.

잘 하고 싶은 일 앞에서 소심해지는 사람이 어디 나뿐일까? 내가 글쓰기를 잘하고 싶은 것처럼 누구는 디자인을, 마케팅을, 공부를, 커피 만들기를 잘하고 싶을 테다. 인스타그램에 게시물을 올릴 때, 댓글을 달 때, 좋아하는 사람과 대화할 때도 마찬가지다. 잘 하고 싶은 일 앞에서는 크고 작음을 따지지 않고 소심해지기 마련이니까.

이 책에선 우물쭈물하고 속 끓이고 후회하는 소심한 내가 주인공이다. 나는 이제 내 소심함을 자랑할 수 있다. 잘하고 싶은 만큼 소심하고, 소심한 만큼 그 일을 사랑한다는 뜻이기 때문이다. 그러나 유쾌함은 역시 포기할 수 없으므로, 다시 한 번 강조해야겠다. 나는 유쾌하지만 소심한 사람이다.

이 책을 읽는 당신도 유쾌하지만 소심한 사람인가? 그렇다면 잘하고 싶은 일 가운데서 가볍고 즐거워질 자기만의 방법이 당신에게도 생기기를 바란다. 어떤 방법이 있을까? 내가 글을 쓰고 다섯 글자로 제목을 지은 것처럼, '이게 무슨 방법이야?'라는 말을 들을 정도로 별거 아닌 것이면 좋겠다.

차
례

1장   웃으며 하는 이야기

10   슬픔의 정면
14   새하얀 바닥
18   오글오글해
24   마마파파걸
36   오래된 이별
40   콘푸라이트
47   돈과 일과 글
53   자신이 없음
59   자신이 있음
70   견디는 날들

2장 내가 가진 가장 착한 죄책감

76 　　　　　쓰면 쓸수록
80 　　　　　다섯 시의 나
86 　　　　　착한 죄책감
98 　　　　　좋아하는 중
103 　　　　아마 와 아마
112 　　　　꼬마 대표님
119 　　　　조용히 밝은
125 　　　　오월 팔일에

3장 스스로 터닝 할 수 있는 사람

132 　　　　글쓰기 수업 1
140 　　　　글쓰기 수업 2
148 　　　　뜻밖의 다행
153 　　　　요리의 재미
159 　　　　터닝 포인트
166 　　　　마려운 기분
172 　　　　알바 권승연
181 　　　　놈과 놈과 놈
187 　　　　마이 팔로워
195 　　　　어떤 이름은

1장   웃으며 하는 이야기

이건 거창한 성공 스토리도, 라떼는 말이야~하는 고생 스토리도
아니다. 굳이 말하자면 내 사정을 모르는 당신에게,
당신 사정을 모르는 내가 던지는 가볍고 귀여운 하루치 자랑이다.

슬픔의 정면

그녀는 하루 꼬박 벽을 보고 누워있다. 밥 먹을 시간이 되면 '다은아' 혹은 '다혜야' 하고 불러서 냉장고에서 무슨 무슨 반찬을 꺼내고, 밥은 얼마큼 데워서 먹어라, 아빠한테는 국도 그릇에 조금 덜어 쟁반에 갖다 드려라. 하고 코맹맹이 소리로 말할 뿐이었다. '엄마는?'하고 물어보면 그저 '나중에'라고 대답했다. 그렇게 말했던 그녀가 나중에 뭔가를 챙겨 먹었던가? 과일을 조금 깎아 먹었던 거 같기도 하고, 기억이 잘 나지 않는다.

돌아누운 그녀는 조용했다. 할 수 있는 만큼 참다가 코를

풀거나 세수를 하러 일어난 그녀의 얼굴이 땡땡 부어있어서 그녀가 내내 울었다는 걸 알기도 했다. 어린 나는 그녀가 벽을 보고 어떤 일들을 후회할지 생각하곤 했다. 그러다가 그녀는 잘못이 없으므로 후회하지는 않을 거라고, 그저 무엇을 되돌리고 싶을 거라고 생각했다. 처음엔 돌아누운 그녀가 되돌리고 싶어 할 것이 무서웠다. 그러나 아무리 오랜 시간 생각한다고 해도 그녀가 진짜 되돌릴 수 있는 건 아무것도 없음을 알게 되었다. 나는 조금씩 그녀가 되돌릴 수 없는 일들을 헤매는 시간이 빨리 끝나길 바랐다. 설사 그것이 체념에 가깝다 해도. 그녀가 얼른 자리를 털고 일어나 시장에서 탕수육이나 갓 튀긴 치킨을 사 왔으면 했다. 늘 양보하고 아끼던 자신의 몫까지 양껏 사 오는 일로 그녀는 슬픔의 기간을 끝내곤 했기 때문이다. 그녀가 사 온 것을 먹으면서 우리 삼 남매는 그녀의 얼굴을 살피기도 하고, 어쩔 수 없는 안도감에 금방 헤실헤실 웃기도 했다. 그녀는 푸짐하게 먹으며 어떤 기분을 만들어냈을까? 자기 삶의 어떤 부분을 다듬으려는 노력이었을 거라고, 조금 큰 나는 생각한다.

간혹 누군가 슬픈 장면을 쓰거나 그려 보라면 양손에 봉지를 들고 있는 그녀의 모습을 가장 먼저 떠올렸었다. 그러나 엄밀히 말하면 그건 슬픔의 장면이 아니라 슬픔을 끝내는 장면이었다. 내 기억에는 슬퍼하는 그녀, 힘들어하는 그녀, 주저앉는 그녀의 얼굴이 없다. 그녀가 가장 슬퍼할 때 위로한 적이 없기 때문이다. 그녀의 내밀한 슬픔을 들여다볼 용기와 살뜰함이 그때 내게는 없었다. 자신의 이야기를 사람들이 읽는 걸 남사스러워하는 그녀는 오히려 이 사실을 다행으로 여길지도 모른다. 이 글을 읽은 그녀가 나에게 '다은아 고마운데~ 이렇게까지 안 써도 돼. 나는 네가 생각하는 것만큼 힘들지도 않았고 또….'라고 문자를 보낼 수도 있다.

그녀는 말뿐이 아니라 정말 그렇게 되어가고 있는 듯도 하다. 옛날 힘들었던 그녀가 지금의 그녀를 힘들게 하지는 않는 것이다. 오랜만에 가족이 한 집에 모이는 날이면 그녀는 기분 좋게 옛이야기를 한다. 누구는 밥숟가락을 뜨며 맞장구치고, 누구는 우유를 한 입 마시며 따라 웃는다. 나는 먹고 마시고 웃고 맞장구를 치면서도 한편으론 서글픈 마음이 든다. 조금 조금씩 사라져가는 이야기를 쥐고 있는 기분이다.

항상 그녀의 삶을 쓰고 싶었지만, 그녀를 쓴다는 게 쉽지 않았다. 내가 솔직해지는 게 그녀를 위한 방법이 아닐 수도 있기 때문이다. 어쩌면 나는 더 나이가 들어서야 그녀의 정면에 대한 이야기를 쓸 수 있을지도 모른다. 그래도 계속해서 그녀에 대해 쓰기를 시도할 것이다. 웃으며 하는 이야기를 웃어넘기지 않을 것이다. 그러다 보면 그 이야기에 빛처럼 달린 그녀의 희생과 슬픔을 어느 날의 나는 쓸 수 있을 것이다.

새하얀 바닥

내가 일하는 카페의 단골손님인 한 할아버지는 올 때마다 따뜻하고 연한 아메리카노를 주문한다. 하얀 유리컵에 커피를 담아 가져다드리면 할아버지는 커피를 한 모금 두 모금 천천히 마신다. 누구와 대화도 하지 않고, 휴대폰도 보지 않는다. 커피 마시기만이 카페에 온 목적이라는 듯 창문 밖을 바라보며 잔을 들었다 놨다 할 뿐이다. 십 분도 지나지 않아 할아버지는 잘 먹었어요, 말하며 트레이를 내고 돌아간다. 트레이 위에는 새하얀 바닥을 드러낸 잔이 놓여있다.

할아버지를 알게 된 후부터 어떤 카페에 가면 나도 주문한 커피를 다 마셔보기 위해 노력한다. 하지만 매번 실패한다. 나는 카페에서 커피 마시기 외에도 하는 일이 너무나 많기 때문이다. 카페에서 나는 글을 쓰고, 쓰다 막히면 책을 읽고, 책을 읽으려고 잔잔한 노래도 선곡한다. 선곡하다 말고 인스타그램에 들어가 한참 시간을 보내는 건 특히 빼먹지 않고 하는 일이다.

이 많은 일을 하면서 오 초에서 십 초마다 커피를 마시는 건 꽤 번거롭다. 커피 잔을 쥘 손으로 키보드를 두드리거나 책을 잡고, 커피 잔을 바라볼 눈으로 다채로운 정보를 받아들이기 바쁘다. 어느새 커피는 식거나 싱거워진다. 만든 사람이 바라는 맛과 모양을 잃은 커피엔 더욱 손이 가지 않는다. 이런 상황들이 반복되다 보니 잔의 바닥을 드러내는 게 얼마나 많은 목표를 내려놓고, 하나의 목적을 향해 나아가는 일인지를 새삼 깨닫는다.

생각해보니 어떤 일을 '하나'만 한 기억이 까마득하다. 언젠가부터 보고 싶은 영화나 드라마가 생기면 밥 먹는 시간에 챙겨봤다. 어차피 아무것도 안 하고 밥만 먹을 거니까 이 시간을 이용해보려 한 것이다. '밥 먹기'를 해야 하는데 왜 아무것도 안 한다고 여겼을까? 밥만 쳐다보며 먹는 일, 커피만 쳐다보며 마시는 일, 창밖만 쳐다보며 구경하는 일, 가만히 앉아 노래만 듣는 일을 한 기억이 까마득하다. 쓰고 보니 내가 각박하게 구는 건 먹고 마시고 보고 듣는 일이다. 살아있는 상태가 당연해지다 보니, 살게 해주는 것들의 가치도 따라 과소평가된 걸까.

다섯 시만 넘어도 어두워지는 요즘이다. 창밖을 향하던 눈을 거둔다. 문득 내려다본 책상엔 커서가 깜빡이는 노트북과 먹기 좋으라고 잘게 잘라놓은 빵, 그것을 더 먹기 좋으라고 가져다 놓은 포크와 음악이 틀어진 휴대폰이 있다. 발치에 엎어 놓은 책도 여러 권이다. 찬찬히 돌아보니 얼마나 많은 일을 한 번에 해보겠다며 껴안고 사는지 실감이 난다.

어쩌면 나는 각 곳에 도피처를 만들어놓는 것일지도 모른다. 커피만 마시기에 밥알만 씹기에 책만 읽기에 글만 쓰기에 나는 못 한 일도, 못하는 일도 많은 사람이라서. 좋아하는 하나의 일만 하기 죄스럽거나, 하나만 하는데도 해낼 능력이 없을까 봐 겁이 나는 것이다. 손만 뻗으면 되도록 이곳저곳을 어질러 놓고 나의 바닥을 투명하게 드러내지 못하는 것일지도 모른다.

방 한가운데 허리를 꼿꼿이 세우고 앉아 나는 집중해보고 싶은 하나의 일을 가만 꼽아본다. 아무래도 그것은 가장 사랑해서 자신이 없는 일이다. 나조차도 두려워 바닥을 들여다보지 않은 일이다.

　해는 넘어가기만을 작정한 듯 더욱 부지런히 사라지고 가로등도 제 일을 다하여 어두워지는 시간. 새하얗게 밝혀놓은 건 할 일을 끝내지 못한 내 미련뿐인 것 같다.

오글오글해

한참 정과 머리를 맞대고 그의 휴대폰으로 인스타그램을 보고 있을 때였다. 정이 손가락으로 쭉쭉 피드를 올리다가 멈칫하더니 다시 조금 내렸다. 그리곤 누군가 게시한 글을 가리키며 말했다.

"이런 거 난 너무 오글거려."

힐끗 본 화면에는 누군가의 진솔한 일기가 쓰여 있었다. 자기가 이러저러한 사람인 것 같다고 고백하는 내용이었다.

"그 사람이 뭔가 깨달은 게 있었나 보지."

나는 웃지도, 정색하지도 않은 중간쯤의 표정으로 대꾸했다. 바로 어떤 생각이 내 머릿속을 채웠기 때문이다. '그래. 내가 쓰는 글을 읽고도 이렇게 말하는 사람이 있겠지.'

며칠 뒤 여느 때와 같이 정과 통화를 하는데 대뜸 정이 그런다.

"내가 저번에 글 보고 오글거린다고 했던 거. 계속 생각나더라. 후회했어. 네가 글 쓰는 사람인데 너무 가볍게 그런 말을 한 것 같아."

조금 늦게라도 이런 말을 꺼내준 정에게 고마웠다. 나는 그날 이후 오글거린다는 말에 대해 여러 생각을 하게 됐다고 대답했다. 누군가 자기감정에 솔직해지기 위해 용기를 냈을 때, 오글거린다는 말이 그 용기를 너무 쉽게 침범하는 것 같다고. 내가 말하는 동안 정은 잠자코 들었다. 으응. 맞아. 그러네. 성실히 대꾸했지만 한편으로는 내가 그 말에 민감하게 반응하지 않아 다행이라고 생각했을지도 모른다. 그러나 정은 상상도 못 할 것이다. 과거의 내가 '오글거린다'라는 말과 얼마나 지지고 볶았는지. 지금 그 말을 태연히 듣고 소화할 수 있게 된 건 그 말을 미워한 시간 동안 아주아주아주 약간의 미운 정이 쌓인 덕분이다.

 스물셋. 나는 첫 책을 출간하고 며칠 동안 밀려오는 반응에 취해 있었다. 내 글이 엮여 책으로 만들어진 사실에 대한 놀라움과 기특함, 지켜보고 기다린 끝에 얻은 보람, 직접 구매한 경험 등이 주변 지인과 인스타그램 팔로워로부터 쏟아졌다. 고맙다고, 부끄럽다고, 오랜만에 얼굴 보자고 일일이 답을 하는 일은 하나도 소모적이지 않았다. 가만히 있어도 다가오는 반응은 죄다 긍정적이고 다정했으므로 오히려 힘이 났다.

 그렇게 '오픈빨'이 지나가고 내 책을 스쳐 간 다른 사람들의 반응이 궁금해졌다. 내게 직접적으로 건네지지 않은 후기들, 저자가 읽으리라고는 생각지 않고 썼을 느낀 점에 호기심이 생긴 것이다. 포털사이트, 온라인 서점, 인스타그램이나 페이스북에 책 제목을 검색했더니 공들여 쓴 블로그 후기부터 짧은 한 줄 평까지 쉽게 접할 수 있었다. 개중에는 책이 아니라 인터넷에 떠도는 내 글을 짧게 읽고 툭 던져놓은 말도 있었다. 특히 그런 댓글에서 심심찮게 등장하는 말이 바로 '오글거린다'였다. 내 글이 오글거린다니…. 너무나 간단한 말로 책뿐 아니라 나까지 비웃음을 당한 기분이었다. 이 말은 보고 또 봐도 적응이 되지 않아서 발견하는 날마다 얼굴이 달아올랐다. 문제는 화가 수그러든 자리에 부끄럽고 숨고 싶은 마음이 자라났다는 거였다. '감성적이고, 감정적인 글이니 그게 익숙하지 않은 사람한테는 오글거릴 수 있지.' 하고 넘겼어야 하는데 나는 왕 소금쟁이 아니 왕 소심쟁이라 어쩔 수 없이 위축됐다. 그때부턴 오글거린다는 말을 듣거나 보면 움찔움찔. 글을 쓰고 나서도 계속 읽고 또 읽으며 살폈다. 꺼진 불도 다시 보자가 좌우명인 소방관이라도 된 것처럼 오글의 불꽃이 살아있을 만한 곳을 짓이겼다. 인스타그램에 게시한 글이 뒤늦게 오글거리게 느껴지면 며칠이 지났어도 다시 들어가 삭제했다. 오글거린다는 말만은 정말 듣고 싶지 않았다. 감정을 아끼고 표현을 아끼고 쓴 글을 지우고 부끄러워하는 나날이 계속되었다.

한 번은 지긋지긋한 그 말이 정확히 무슨 뜻인지나 찾아보자는 생각에 인터넷으로 검색했는데, 표준국어 대사전에 등록된 다른 의미의 '오글거리다'를 발견하고 말았다. 사전을 보지 않았다면 아직도 모르고 있었을 것이다. 그 뜻을 아래에 적어본다.

오글-거리다
[동사]
1. 좁은 그릇에서 적은 양의 물이나 찌개 따위가 자꾸 요란스럽게 끓어오르다.

나는 무릎을 쳤다. 이거다. 이거구나! 꽤 오랫동안 내가 쓴 글이 오글거릴까 봐 무서워했는데. 생각해보니 오글거린다는 말을 들으면 들을수록 내 안의 그릇이 위축되고 좁아졌던 거였다. 마음껏 풍부했던 감수성을 있는 대로 조여서 방울방울 떨어트리는데도 읽을 사람의 반응이 신경 쓰여 마음이 끓어올랐다. 하지만 불을 붙이지 않으면 어떤 그릇도 스스로 끓어오를 수 없지 않나. 애초에 스스로 오글거려 하지 않으면 어떤 것도 오글거릴 수 없는데. 자꾸만 오글거릴까 걱정하는 태도가 나를 요란스럽게 한 것이었다. '오글거리다'의 색다른 뜻을 알게 된 이후로 나는 마음의 상태가 미세하게 달라지는 것을 느낄 수 있었다.

그렇지만 어떤 말은 생겨나지 않았으면 더 좋았겠단 생각이 여전히 있다. 계속 언급했던 '오글거린다'나 '진지충' 같은 말들이 그렇다. 대게 이 말은 '표현하는 사람'을 향할 때가 많은데, 반대로 이 말을 쏘는 사람은 '표현하지 않는' 사람일 때가 많다. 표현하는 사람이라면 자기 생각을 말하는 사람에게

드는 느낌을 그런 식으로 '표현'하진 않을 것이기 때문이다.

　지금도 이 글을 읽는 누군가는 '어쨌든 이 글도 오글거려….'라고 생각하고 있을지 모른다. 그렇다면 이젠 어쩔 수 없다. 내가 나름 재밌고 담백한 사람인데 글 쓸 때는 좀 진지하고 느끼해지는 편이라 그렇다. 느끼한 부분이 있는지, 너무 감정에 치우치진 않았는지, 이 책을 읽고 또 읽으며 살피고 고칠 것이다. 힘을 빼고도 하고 싶은 말을 요리조리 잘 쓰는 실력을 부단히 연마할 것이다. 아직 오글거림의 덫에서 완벽히 빠져나오지는 못했지만 나는 이렇게 포기하거나 인정하거나 다짐할 수 있다. 그러니 내가 다시금 책의 후기를 뒤져볼 때, 혹은 우연히 서점에서 내 책을 펼쳐보는 사람을 마주쳤을 때 오글거린다는 말을 보고 듣게 되더라도 나는 위축되지 않겠다. 내 그릇이 아니라 그 사람 그릇의 안부를 태연히 챙겨보겠다. "아이고. 지금 당신의 좁은 그릇이 끓어 넘치는 거 같은데 불을 좀 줄이셔야 하지 않을까요?"

　물론 그 말은 내 안에서만 울려 퍼질 예정이다. 나는 왕 소심쟁이니까. 마침 부엌에서는 주전자 속 물이 오글거리며 끓는 소리가 들린다.라고 쓰고 싶지만, 계약을 끝내고 이 집을 나가는 날까지 그럴 일은 없을 것이므로 나는 정에게 이 글을 어떻게 보여주어야 하나 고민에 빠져 본다.

마마파파걸

나는 피아노를 칠 줄 안다. 일곱 살부터 열세 살까지 하이든방 바흐방 멘델스존방 따위를 수백 번 들락거리며 피아노를 배운 덕분이다. 그러나 7년의 시간이 무색할 만큼 지금 내 손가락은 힘도 능력도 잃어서 피아노를 봐도 흥미가 생기지 않는다. 그럴듯하게 칠 줄 아는 곡이 없으니 괜히 C, F, G 코드를 한 번씩 눌러보고는 뻘쭘하게 피아노 뚜껑을 덮는다. 그 코드들을 왜 누르는지는 잘 모르겠다. 피아노를 잘 치는 건 아니어도 칠 줄은 안다는 걸 티 내고 싶은 손짓이랄까.

손도 손이지만 악보 보는 눈이 조만간 까막눈이 될 예정이다. 낮은음 자리표는 좀 헷갈렸어도 높은음 자리표는 거뜬했는데 요즘은 높은 도 위로 올라갈 때부터는 약간 당황한다. 세어봐야 안다.

옛날에도 악보를 잘 보는 편은 아니어서 레슨 때마다 다른 음을 친다며 혼나곤 했다. 즉흥으로 치는 것도 아니고 하루 이틀 연습한 곡을 검사 맡는 건데도 그랬다. 그러니까 적어도 스무 개의 동그라미에 작대기를 그으며 연습하는 동안 나는 도를 라로 치거나 라를 도로 치는 실수를 반복한 것이었다. 한 치의 의심이라곤 없이 말이다.

내 악보에는 악보 '잘' 보기가 아니라 악보 '열심히' 보기가 빨간 펜으로 적힐 때가 많았다. 나보다 어린애들 앞에서 낮은음자리표의 도부터 하나씩 세어 올라가기는 좀 쪽팔렸기 때문에 그 이후로도 나는 대충 도와 라 사이를 오가며 눈치껏 피아노를 쳤다.

나의 피아노 실황을 엄마가 안다면 투자한 게 아깝다며 한숨을 쉴지도 모른다. 엄마 아빠 집에 가는 날이면 엄마는 한 번씩 피아노를 쳐보라고 한다. 그럼 나는 얼른 다혜를 앉힌다. 다혜는 학원을 그만둔 이후로도 교회에서 키보드를 친 덕분에 오히려 옛날보다 피아노를 더 잘 치게 되었다. 스무스한 피아노 반주자 옆에서 나는 열심히 노래를 부른다. 7년의 투자자에게 줄 수 있는 게~ 이 목소리밖에 없기 때문이다.

학원에 보낸 사람으로서 엄마는 그 7년의 시간이 억울할지도 모른다. 그러나 못지않게 억울한 사람이 있다면 그건 바로 나다. 7년간 피아노 학원에 '다닌' 사람으로서 말이다. 피아노 학원을 1년 다닌 애랑 비슷하게 치는 지금의 실력이 억울한 게 아니다. 내가 억울한 건 그만큼이나 다녔는데도 콩쿠르 한 번 못 나가봤다는 사실이다.

초등학생 때나 중학생 때 친구들과 음악실에만 가면 한 번 쯤은 피아노 학원에 다녀봤는지, 다녔다면 얼마나 다녔는지가 화두가 됐다. 일곱 살부터 다닌 나 같은 애는 다섯 명 중에 한두 명꼴로 있는 얼리버드다. 일찍부터 피아노를 매만졌다는 뿌듯함에 어깨가 쓱 올라가곤 했다. 그 기분에 취할 틈도 없이 애들은 콩쿠르를 몇 번 나갔고 상은 뭘 받아봤는지에 관해 떠들어대기 시작했는데 나는 할 말이 없었다. 콩쿠르라는 걸 나가 본 적이 없으니 상을 탔을 리도 없었다. 나름 예쁜 옷을 입고 사람들 앞에서 피아노를 쳐본 경험이라곤 까치 피아노 학원에서 주최한 작은 음악회, 그리고 5학년 때 전학 와서 잠깐 다닌

소리 음악 학원의 학부모 초청 음악회뿐이었다.

유독 말수가 적어진 나에게 애들은 꼬치꼬치 물어보았다. 콩쿠르에 나가본 적 없다고 하면 그렇게 오래 다녀놓고 왜 한 번도 안 나갔냐며 깜짝 놀라 했다. 내가 아는 피아노 좀 쳤던 애들 중에는 이런 애가 나밖에, 아니 나랑 다혜밖에 없었다. 어떤 애는 자기는 진짜 못 쳤는데도 원장 선생님이 나가라고 해서 한 번은 가봤다고 친절히 말해주었다. 그렇다. 난 분명 얼리버드가 맞는데 일찍 일어나기만 했을 뿐 벌레는 하나도 잡지 못한 새였던 것이다.

사실은 나도 벌레를 잡을 뻔한 한 번의 기회가 있었다. 콩쿠르를 나가려면 나갈 수 있었다는 말이다. 누군가 콩쿠르의 ㅋ도 꺼내지 않았다거나 나가지 말라고 뜯어말린 것도 아니었다. 내가 안 나가 놓고 이렇게 억울해하는 이유는 친구들과 얘기하면 할수록 콩쿠르가 이렇게 쉽고 간단하게 나갈 수 있는 것이었어? 하는 생각이 들었기 때문이다. 콩쿠르에 나가기에 어린 나는 너무 겁이 많았다.

피아노 학원에 다니고 있던 초등학교 2학년 때의 일이었다. 푹푹 찌는 날씨가 거듭되던 한 여름날, 평소처럼 차례로 레슨을 끝낸 나와 다혜는 둥그런 탁자에 앉아 쉬고 있었다. 밖에 날

씨가 너무 더워서 에어컨이 빵빵한 학원에서 최대한 몸을 식히고 나갈 요량이었다. 피아노 교재도 펼치고 딴짓도 하면서 시간을 때우고 있는데 원장 선생님이 옆에 앉았다. 흰색 종이뭉치를 들고는 펜으로 뭔가를 적었다. 보조 선생님한테 '**이는 나간대? @@는 어떻게 됐어?'하고 묻기도 했다. 내가 아는 친구의 이름도 종이에 적혀 있어서 무슨 이야기인가 궁금했다. 힐끔힐끔 엿보고 있는데 원장 선생님이 나를 불렀다.

"다은아."

갑자기 들린 내 이름에 깜짝 놀라서 얼른 대답했다.

"네???"
"한 달쯤 뒤에 콩쿠르가 있는데 다은이 다혜도 한 번 나가볼래?"

콩쿠르라니. 훅 들어온 질문에 잠깐 멍해졌다. 학원을 다니다 보면 간간히 콩쿠르에 나가는 언니들이 모여 있는 걸 볼 수 있었다. 얼굴은 하얗고 입술은 빨간 데다 한 올의 잔머리도 나오지 않게 싹 닦아 올림머리를 한 언니들은 다 비슷비슷해 보였다. 선생님들은 정신이 없는지 알록달록한 드레스 색으로 언니들을 구별했다. 잔뜩 상기된 언니들은 자기들을 태워갈 학원 버스를 기다리며 너무 떨린다, 잠을 못 잤다 하며 떠들었다. 그런 언니들 옆에는 드레스와 머리 매무새를 만져주는 엄마들이 있었다. 그런 모습을 자주 보다 보니 언젠가부터 콩쿠르를 바라보는 시선이 피아노보다 옷과 머리와 얼굴 같은 곳으로 바뀌어갔다. 콩쿠르에 나가는 애들이 피아노를 얼마나 잘 치는지, 소나티네를 치는지 소나타를 치는지는 별로 궁금하지 않았다. 한 명도 빠지지 않고 드레스를 입었는지, 다들 어디서 저렇게 옷을 빌리고 머리를 묶고 화장을 받는지가 궁금했다. 얼마나 하는지 몰라도 꽤 비쌀 거 같았다.

그러니까 나에게 콩쿠르는 화장을 받고 머리를 맡기고 드레스를 빌리는 게 먼저인 행사였다. 가서 어떤 무대에 올라가 어떤 피아노 앞에 앉게 되는지는 생각해본 적이 없었다. 콩쿠르를 나가보겠냐는 원장 선생님의 물음에 얼른 대답을 해야 하는데, 머릿속이 복잡해졌다. '나가고 싶긴 한데 이걸 내 마음대로 정해도 되나? 드레스를 빌리는 게 비싸지는 않을까? 게다가 나랑 다혜 두 명이 한 번에 나가려면 다른 집의 두 배로 돈이 들 텐데. 콩쿠르에 나가겠다고 했다가 나중에 취소가 안 되면 어떡하지…?' 머리에서는 별의별 걱정을 한 번에 쏟아냈다.

한정적인 물질과 시간 안에서 원하는 걸 모두 취하며 살기는 어렵다. 그래서 우리는 선택을 하며 살아간다. 아주 부자가 아니라면 대게 시간보다는 물질이 부족해서일 것이다. 선택을 많이 하는 집이 있다면 포기를 더 많이 하는 집도 있다. 형편이 넉넉하지 않을수록 무언가를 선택하기까지 고민하고 탐색할 조건이 많다. 고민하는 시간도 따라 길어지기 마련이다. 그렇게 고민하고 포기하고 또 그 과정을 이해시키려는 부모 아래에서 자라난 아이는 또래보다 조금 더 많은 걸 알고 생각하게 될 확률이 높다. 2학년의 나처럼 말이다.

오빠와 나 다혜까지 피아노 학원을 다니고 있었다. 남자 여자 구분 말고 피아노를 쳐보자는 엄마의 바람 때문이었다. 가족할인이란 걸 받기는 했지만 그래도 무언가를 포기한 투자가 필요했을 것이었다. 나랑 다혜가 콩쿠르에 나가면 피아노 학원비뿐 아니라 추가로 돈이 나갈 게 분명했다. 학원비만큼이 또 나가거나 어쩌면 그보다 더 필요할지도 몰랐다. 아는 모든 사정을 종합한 나는 겁이 났다. 절대 나 혼자 결정해서는 안 될 일이었다. 조금 오버하자면 이건 나만이 아니라 우리 가족이 걸린 일이기 때문이었다.

모든 걱정과 고민을 몇 초 만에 해낸 나는 원장 선생님의 눈을 똑바로 쳐다보며 하지만 매우 자신 없는 목소리로 말했다.

"엄마한테 물어볼게요…."

원장 선생님이 콩쿠르에 나갈 건지 물어봤다고 전하니까 엄마는 오래 고민도 하지 않고 예스했다. 생각보다 우리 집 형편이 나아서였는지 엄마가 피아노에 투자하려는 마음이 컸던 건지는 모르겠다. 어쨌든 우리도 콩쿠르에 나갈 수 있다는 사실이 중요했고 그제야 내가 피아노 실력이 되나? 하는 생각이 아주 쬐끔 들었다. 내 대답을 기다리고 있을 원장 선생님에게 얼른 콩쿠르를 나가겠다고 말해주고 싶었다. 이번엔 자신 있게 말할 생각이었다.

다음 날 학교가 끝나고 헐레벌떡 피아노 학원으로 달려가서 문을 열어젖혔다. 들어가자마자 떡하니 있는 검은색 그랜드 피아노에서 원장 선생님이 어떤 애와 레슨을 하고 있었다. 보통 벽을 따라 있는 수납함에서 내 가방을 찾아 바로 연습실에 들어가곤 했지만 그날은 다혜와 잠자코 레슨이 끝나기를 기다렸다. 콩쿠르에 나가는 애였는지 원장 선생님은 평소보다 시범도 많이 보여주고, 셈여림과 빠르기를 악보 이곳저곳에 적고 있었다. '역시.. 콩쿠르에 나가기 전까지 저렇게 봐주는구나.

나도 잘 칠 수 있겠군!' 한참 자신감에 근거가 받쳐지고 있는데 레슨이 끝났다. 나는 바로 원장 선생님께 달려가서 말했다.

"선생님! 엄마가 저희 콩쿠르 나가도 된대요!"

원장 선생님이 뭔지 모를 미소를 짓고는 아무 대꾸도 하지 않았다. 나는 재차 말했다.

"원장 선생님! 우리 엄마가 콩쿠르 나가도 된드…."
"다은아. 이미 신청서 다 냈어. 다은이 다혜는 이번엔 못 나가."

이게 무슨 말인가! 원장 선생님은 왜 기다리지도 않고 신청서를 냈을까 원망이 차올랐다. 분명 내가 물어본다고 했는데 말이다.

"제가 엄마한테 물어보고 온다고 했는데…."

나는 너무 서운한 마음이 들어 원장 선생님께 말했다. 그렇게 급한 일이었으면 빨리 물어보라고 얘기 좀 해주지. 어제도 전화로 말할 수 있었는데 하는 생각에 점점 더 서운해졌다.

"다은아."

원장 선생님이 나를 불렀다.

"다은아. 선생님이 콩쿠르 나갈래? 하고 물어본 아이들은 다들 바로 나가고 싶다고 하더라~ 엄마한테 물어보겠다는 애는 너뿐이었어. 진짜 나가고 싶으면 물어볼 새가 어디 있어? 바로 대답부터 하고 보지~ 콩쿠르 나가고 싶으면 다음번에는 선생님한테 꼭 말해!"

원장 선생님이 내 마음도 모르고 나를 엄청나게 오해하고 있었다. 원장 선생님에게 나는 자기 생각도 없이 엄마에게 물어봐야만 하는 마마걸로 비쳤던 것이다. 집에 가는 길에도, 엄마에게 이 말을 전할 때에도 원장 선생님의 미소가 머릿속에 계속 플레이되었다.

그날의 교훈으로 나는 묻지도 따지지도 않고 결정을 내려 버리는 아이가 되었을까? 그럴 수는 없었다. 오히려 묻고 따져 볼 것은 더 늘어났다. 돈이 들어갈 곳은 차고 넘쳤으며 그와 비교하면 콩쿠르는 애교 수준이었기 때문이다. 초등학교에서 방과 후 교실이나 걸스카우트 신청서를 나눠 주면 친구들은 나한테 와서 할 거냐고 물어봤다. 나는 엄마한테 물어보겠다고 했다. 수학 학원에서 다음 달에도 다닐 거냐고 물어봤을 때도 대답은 마찬가지였다. 엄마랑 상의해볼게요.

중학생 때는 미술 학원에 딱 하루 다니고 그만둔 적이 있었다. 아무리 생각해도 학원비가 부담되었는지 아빠가 학원 원장 선생님에게 그만두겠다고 말한 거였다. 하루 다녀보더니 다은이가 다니고 싶어 하지 않는다고 말하지 않았을까 싶다. 아빠가 민망한 것보다야 내가 민망한 게 여러모로 이득일 거라는 생각에 그때도 그냥 가만있었다. 피아노 학원 원장 선생님 앞에서 가만있던 마마걸은 자의 반 타의 반으로 점점 더 강력한 마마파파걸이 되었다.

스스로 결정 내리지 못하고, 부모를 통해서 의견을 전하는 '듯' 보이는 순간순간마다 내가 쥐고 있는 선택지는 많지 않았다. 대부분 그럴 수밖에 없는 상황을 이해하며 넘겼다. 그래야 앞으로 살아가기에도 마음이 편하겠다는 판단이 들었다. 그래도 가끔 정말 이해하기가 어려울 때는 바를 정 기호처럼 마음에 하나씩 새기고 넘겼다. 나중에라도 이건 꼭 해보자고 스스로 약속하는 목록이었다.

경제적으로 독립하고 보니 선택도 포기도 나의 몫이다. 요 몇 년 사이 무언가를 결정할 때 엄마 아빠에게 물은 적이 없다. 하고 싶던 일을 할 수 있는 돈이 있으면 했고 돈이 없으면 스스로 합의하에 다음을 기약한다. 그렇게 얻은 것도 포기한 것도 쌓인다. 많지 않은 돈 안에서 자연스레 우선순위가 생겨난다. 납득 가능한 포기를 할 수 있다는 면에서 독립은 참 반갑고 이롭다. 한편으로는 본인의 우선을 아이들에게 대부분 양보했을 부모님의 긴 시절을 생각한다. 그 돈과 투자와 마음이 납득하기 어려울 정도로 크게 느껴진다.

이제 와 콩쿠르를 나갈 수는 없고 언젠가 미술학원 취미반을 다녀보고 싶다. 많은 우선순위를 이루고 나서야 가능할 것이다. 그날이 오면 고민 없이 학원 문을 열어젖혀야지. 내가 그린 그림을 어린애처럼 자랑하는 마마파파걸이 되어야지.

오래된 이별

 카페에서 우연히 마주쳤던 그날에 김은 나를 보고 있었다. 커피를 받아온 내가 자리를 잡고 앉을 때까지도 김은 아는 체를 하지 않았다. 내 쪽에서 발견하지 않았다면 끝내 그는 나를 부르지 않았을 것이다.

 눈이 마주쳤을 때 소리 내어 놀란 나와 달리 김은 소리 없이 웃었다. 이번에도 소란스러운 쪽은 나였다. 언젠가부터 김은 서두를 것도, 요란할 것도 없다는 듯 느긋했다. 그런 사람은 무언가 놓쳐본 적 없거나 누군가 아쉬워해 본 적 없는 사람일 거라고만 생각했으나, 김의 표정은 그런 사람들의 표정과 결이 조금 달랐다. 그는 오히려 잃고 싶지 않았던 하나까지 모두 잃어본 사람 같았다. 다시는 어떤 것에 기대를 걸지 않을 거라는, 뭔가 모를 염세적인 다짐이 그의 미소에는 서려 있었다.

그가 몇 년 전만 해도 그런 미소를 가지고 있지 않았다는 걸 알았으므로, 나는 그의 태도를 바꿀 만큼의 큰일이 무엇이었는지 그저 짐작해볼 뿐이었다. 그 안에 내가 있기를 한 번쯤 바라기도 했었다.

먼저 발견하고도 나를 부르지 않은 게 괘씸했지만 바로 짐을 챙겨 김의 앞에 가 앉았다. 정확히 말하자면 김이 앉은 테이블 앞에 있는 테이블에 앉았다. 그러니까 우리는 눈도 마주쳤고, 서로를 보며 웃었고, 그 순간부터 하던 일은 안중에 없었음에도 불구하고 다른 테이블에 앉은 것이었다.

"걔는 어떻게 지낸대?"
"아직도 그러고 있대."
"둘이 어쩌다 만났을까?"
"내 말이. 근데 안 어울려 둘."
"그래서 너는 어디 가고 싶은데?"

"지원은 했는데 잘 모르겠어."

"걔 얘기 좀 해봐."

"하기도 싫어."

"처음부터 만나질 말았어야지."

"그러게. 대체 나 왜 그랬을까."

    우리는 함께 일했던 일터와 동료에 관하여, 떠나보려는 나라에 관하여, 서로가 아는 사랑했거나 사랑할 뻔했던 사람에 관하여 이야기했다. 정작 하고 싶은 말은 감추고 애꿎은 다른 사람 얘기만 자꾸 꺼냈다. 궁금하지 않은 화제를 제일 궁금하게 물어볼 수 있는 김과 재미있지 않은 소식을 제일 재미있게 전할 수 있는 나의 대화는 오래 소란스러웠다. 사실 그건 웃겨서라기보단 텅 비어있기 때문이었다.

    대화가 끊길 때마다 김과 나는 똑같이 벽을 쳐다보고 있었다. 김이 나를 너무나 잘 알 듯 나도 김을 너무 잘 알아서, 얘기하지 않아도 김의 보이지 않는 곳까지 짐작할 수 있었다. 그는 가난해진 우리 사이를 더듬어 보았을 것이다. 앞자리가 빈 각자의 테이블을 못 본 척하듯이, 많은 생각을 품고도 속없는 척 키득거린 우리 모습을 속상해했을 것이다. 내가 그랬기 때문이다. 너무 잘 안다는 말은 너무 같았던 경험으로 이제는 나에 비추어 그를 읽을 수 있다는 뜻이라는걸, 나는 김 덕분에 알았다.

익숙한 속도로 다가오는 허무를 보며 나는 안심했던 것 같다. 마침내 어떤 허락을 받아낸 사람처럼. 나와 김이 진짜 헤어질 때가 왔음을, 우리 아닌 다른 누군가도 인정해 준 듯한 기분이 들었다. 그때에야 김에게 해야 하는 말이 아니라, 해주고 싶은 말을 떠올렸다.

나를 부르던 너. 너는 나를 발견해 준 사람이야. 네가 발견한 나를 쫓아 좋아하던 내가, 이제는 네가 모르는 나를 발견한다. 그래서일까. 어느 때부터 너는 나를 부르지 않아도 좋은, 그런 사람이 되어 있었어. 우리는 단 한 번 제대로 마주 보지 못했지만 그래도 이제는, 힘껏 당겨 앉아 각자의 앞사람을 바라봐 주자. 라고 나는 말해주고 싶었다. 오랜만에 머리 대신 마음을 열심히 굴린 말이었지만, 그래서 끝내 내뱉지 못했다.

김이 등을 돌려 앉은 지 얼마 되지 않아 나는 자리에서 일어났다. 김에게 작별을 고하기 위해서였다. 김은 벌써 가는 거냐고 물으며 나를 바라봤다. 나는 먼저 손을 흔들었다. 마주 보고 소리 내어 인사했다. 그가 느긋했는지도 모를 만큼 내 마음껏 소란을 떨었다. 제대로 인사를 해야 제대로 헤어질 수도 있을 것 같았다.

콘푸라이트

　익은 벼를 연상시키는 황금빛 색채, 울룩불룩 지루하지 않은 다채로운 모양, 샥샥샥 손쉽고 빠르게 쌓이는 가벼운 몸체, 젖는 순간 풍만해지는 깊은 고소함까지. 나는 거의 매일 아침 이 많은 장점이 있는 놀라운 식품을 마주한다. 시리얼 계의 '베이직 이스 더 베스트'. 콘푸라이트와 나는 10년 넘게 동거 중이다.

　어렸을 적 우리 집에는 우유를 물 마시듯 마시는 초딩 세 명이 살았더랬다. 백오십과 백육십 대의 키를 자랑하는 엄마와 아빠는 자식들에게 작은 키를 유전시키고 싶지 않은 마음이 컸다. 요즘에야 키 크는 약이 흔한 세상이지만, 우리가 태어날 때만 해도 '키 크려면 우유를 먹여라! 칼슘이 답이다!' 같은 말이 방송에 많이 나올 때였고 그 말은 내 부모의 머리와 가슴에 남았다. 아주 초창기부터 뼈대를 잡고 싶었는지 엄마는 갓난아기인 나와 다혜를 먹일 분유에 멸치를 갈아 넣기도 했단다. 아기에게 그 간이 센 걸 갈아 먹였다며 자기가 몰라도 한참 몰랐다고 다 큰 우리에게 엄마는 얘기하곤 했다.

엄마 아빠는 우리가 초등학생이 되고부터 본격적으로 우유를 사서 냉장고에 채워 넣었다. 그 덕분에 냉장고 음료 칸에는 항상 커다란 2.3L 우유가 몇 병이나 있었고 오빠와 나와 다혜는 목이 말라도 매운 걸 먹어도 배가 고파도 우유를 마시는 아이들로 무럭무럭 자랐다.

초등학교 이 학년 때 하루는 같은 단지 맞은편 동에 사는 강이의 집에 놀러 갔다. 둘이서 한창 엄마놀이와 쇼핑 놀이를 하며 떠들었더니 목이 말랐다. 흰 빛깔로 찰랑거리는 차가운 우유가 마시고 싶었다. 목이 마른데 마실 것 좀 줄 수 있냐고 하자 강이는 기다려보라며 식탁에 세워둔 물병에서 물을 따라주려고 했다. 나는 물 말고 우유를 줄 순 없겠느냐고 다시 물어보

앉다. 강이는 우유? 하고 묻더니 냉장고를 찾아봐야 한다고 했다. 아마 없을 텐데.. 중얼거리며 확신 없이 냉장고 문을 여는 강이를 보며 나는 충격에 휩싸였다.

냉장고에 우유가 없다고? '아마' 없을 거라는 말은 사둔 게 조금 남았거나 다 떨어졌을지도 모른다는 느낌이 아니라 평소에 우유라는 것이 냉장고에 있던가 하는 느낌이었다. 강이 뒤에서 같이 냉장고 안을 빠르게 훑었으나 우유가 보이지 않았다. 2.3L는 애써 찾으려 하지 않아도 하얗게 빛나며 존재감을 드러내는데 이 정도 훑었는데도 안 보이다니. 진짜 이 집에는 우유가 없을 확률이 높아 보였다. 모든 집이 우리 가족처럼 우유를 퍼마시는 줄 알았던 나는 진심으로 놀라면서도 강이 가족의 건강이 염려되었다. 나보다 더 쬐끄만 강이의 뒷모습을 보며 대체 얘는 무슨 태평함으로 우유를 이렇게 안 먹나 싶었다.

한참 걱정에 빠져 있는데 강이가 찾았다며 소리를 질렀다. 역시. 우유가 없는 집이 어딨냐! 말하는 나에게 강이는 손바닥만 한 200mL 우유를 내밀었다. 같이 다니고 있는 학교에서 아침마다 배급해 주는 것이었다. 먹기 싫은 걸 집에 가져와놓길 잘했다고 웃는 강이 앞에서 입도 떼지 않고 몇 초 만에 우유갑을 비웠다. 얼른 집에 가서 커다란 우유를 꺼내 가지고 몇 번이고 컵에 따라 마시고 싶었다.

　한 사람 당 하루에 1L씩도 마시는 우리 집의 특별함과 소중함을 깨달아가며 우리 삼 남매는 초등학교 고학년을 지나 중학교에 입학했다. 마구 뛰어노는 시간이 줄어드니 목이 엄청나게 마른 순간도 자연히 줄어들고, 그 목마름마저 흰 우유보다 맛있는 초코, 딸기 우유나 탄산음료가 채워주는 때가 많아졌다. 중학생 때까지는 성장판이 닫히지 않을 거라 믿은 엄마 아빠의 우유 사랑은 계속되었지만 오빠와 나와 다혜는 조금씩 우유로 강력한 유전을 바꿀 수는 없을 것이라고 암묵적으로 인정하고 있었다. 나와 다혜의 키가 백육십을 찍어 놓은 상태라 긴장이 풀어진 탓도 있었다.

　우유가 냉장고에 머무는 시간이 길어지자 엄마는 특단의 조치로 마트에서 콘푸라이트를 사 왔다. 코코볼이나 첵스는 담가놓으면 흰 우유를 아예 초코우유로 탈바꿈시키기 때문에 의미가 없었다. 흰 우유의 모양과 영양분을 최대한 해치지 않을 것 같으면서도 적당한 단 맛과 씹는 맛을 선사하는 콘푸라이트야말로 우유를 조금이라도 더 먹여보려는 엄마의 의도에 합격할 수 있는 시리얼이었다.

싱싱하고도 단조로운 흰 우유에 말은 콘푸라이트는 얄쌍한 몸으로도 큰 파급력을 발휘하여 우리 집 우유 시장에 활기를 불어넣었다. 다시금 수요와 공급이 재빨리 이루어지도록 만든 것이다. 우유를 갓 부은 콘푸라이트는 아주 달고 바삭바삭해 과자를 먹는 기분이고, 점차 눅눅해진 콘푸라이트를 달달해진 우유와 함께 들이키는 건 또 환상적으로 꼽꼽한 매력이 있었다. 주로 오빠는 후다닥 그릇을 비워내는 바삭 파였고, 나와 다혜는 컵라면처럼 몇 분을 기다렸다 먹는 눅눅 파였다. 오빠는 그런 우리를 할머니 같다며 놀렸다.

우리는 아침 식사로도, 하교 후 간식으로도, 가끔은 저녁을 먹고 입가심으로도 콘푸라이트를 타 먹었다. 배가 부르면 먹고 또 먹을 수가 없으니까 우유 양을 줄였다. 그릇에 콘푸라이트를 잔뜩 쏟고 나서 우유를 자작하게 따라 먹는 식이었다. 우유가 빠르게 사라지는 현상은 흡족했으나 그보다 더 빠르게 사라지는 시리얼을 두고 볼 수 없었던 엄마는 우리가 콘푸라이트를 말아먹을 때마다 옆에서 강조했다.

"콘푸라이트는 쪼끔!!! 우유는 많이!!! 콘푸라이트는 그냥 재미로 건져 먹고 우유를 들이키란 말이야~"

콘푸라이트를 조금만 만다는 것은 우유가 충분히 달달해지지 않고, 씹을 거리가 적어진다는 면에서 바삭파와 눅눅파 할 것 없이 받아들이기 힘든 권면이었다. 그렇지만 먹는 우리가 보기에도 콘푸라이트는 너무 금방 바닥을 드러냈다. 엄마는 우유를 살 때는 쿨한 데다 화끈하기도 했지만 아무래도 우유 가격에 두 세배쯤 되는 시리얼 앞에서는 더 오래 고민했을 것이었다. 엄마가 보는 앞에서 조금씩 줄어나가던 콘푸라이트를 우리끼리만 있을 때도 알아서 절제할 수 있는 양심이 다행히 조금씩은 있었다. 가끔 나는 이만큼이나 아껴 먹는데 완전 팍팍 말아먹는 오빠를 보면 승질이 나서 "조금만 말아먹어!"라고 소리쳤는데 오빠가 "나는 한 번 먹고 너는 여러 번 먹잖아. 그만 좀 먹어라."하고 말하면 할 말은 없었다. 그래서 더 조용히 한 번 더 말아먹었다.

바쁘게 공부하고 놀았던 고등학생 시절까지도 콘푸라이트를 향한 애정은 계속되었다. 어렸을 때보다는 수요가 줄은 덕분에 엄마는 가끔 첵스나 오레오, 코코볼 등을 공급하기도 했지만 그래도 역시 짱은 콘푸라이트였다. 몇 년간의 꾸준한 훈련으로 우유를 잔뜩 붓고 콘푸라이트를 조금 타 먹는 것이 자연스러워졌다. 이제는 우유와 콘푸라이트를 7:3으로 설렁설렁

말아먹는 게 더 좋기는 무슨, 6:4나 5:5가 가능해질 날만을 손꼽아 기다렸다. 물론 그건 당장이라도 가능한 일이었지만 뭐랄까. 바쁜 현대인의 느낌을 풍기며 더 떳떳하게 말아먹고 싶은 마음이랄까. 엄마가 사다 주는 시리얼과 우유로 누리고 싶지 않은 일종의 성공...? 어른스러움?

하루 삼시 세끼를 혼자 차리고 먹고 치우는 스물여섯의 독립인이 된 나는 실로 엄청난 성공을 누리고 있다. 코스트코에서 세 묶음 짜리 콘푸라이트를 사 가지고 하루 죙일 콘푸라이트를 말아먹는 어른이 된 것이다. 그릇에 넘치도록 우유를 붓는 촌스러운 짓은 물론 하지 않는다. 아주 자작거리게 부은 후 숟가락 한가득 콘푸라이트를 떠서 우적우적 씹어 먹는다. 또 말아먹으면 되니 바삭하든 눅눅하든 상관이 없다. 나와 다혜는 한 그릇을 말 때부터 약속한 듯이 말한다. "먹고 더 먹어~" 그 농담이자 진담은 실패한 적 없이 너무 웃겨서 매일 서로를 보고 키득대며 먹는다.

돈과 일과 글

스물네 살의 나는 카페 구경을 참 많이 했다. 카페에 들어가 인테리어가 어떤지 보고, 커피 맛은 어떤지 마셔보는 구경과는 좀 달랐다. 앞에 말한 구경이 관광의 느낌이라면 내가 한 것은 관람의 느낌이라고나 할까. 어딘가를 향해 걷는 길에 카페가 있으면 그 안에 있는 사람들을 최대한 오래 쳐다보다가 고개를 돌려 가던 길을 갔다.

그때 나는 프랜차이즈 카페에서 점심까지 아르바이트를 하고, 조금 쉬다가 레스토랑에서 저녁 아르바이트를 하고 있었다. 다혜가 직업학교에 다니다 보니 돈을 벌 수 없는 상황이라 내가 계획했던 것보다 많은 시간을 일하는 데 사용해야 했다. 취업을 했다면 같은 시간 동안 일을 해도 벌이가 괜찮았을 텐데 아르바이트다 보니 들이는 시간에 비해 들어오는 돈은 많지 않았다. 월급은 한 달 동안 다혜와 내가 먹고 자고 움직이는 비용을 대면 똑떨어졌다. 아니 정확히 말하면 우리가 그 월급에 맞게 산 것이겠지만.

카페 가기, 친구와 약속 잡고 놀기, 선물 챙기기, 배달음식 시켜 먹기 등. 소비와 함께 자연스레 줄어드는 행동들도 있었다. 그 와중에 시급이 아니라 월급으로 계약되는 안정적인 일자리를 구해야겠다는 생각이 한 번도 안 든 것이 신기하다. 글쓰기를 계속하기 위해서는 내 환경을 유동적으로 만들어놓아야 한다는 생각이 더 강했기 때문이다. 고정적인 일자리가 생기면 그만큼 책임을 쏟아야 하니까. 그때는 글쓰기를 향한 간절함이 너무 큰 나머지 파트타임이 아닌 일을 하면서 글쓰기를 병행할 수는 없겠다고 여겼던 것이다.

일주일에 세 번 정도는 오후 아르바이트가 없었는데 그중 수요일에는 저녁에 교회를 갔다. 오전에 일하는 카페와 집과 교회는 모두 다른 동네에 있고 거리가 꽤 멀었다. 그래서 수요일 오후 1시에 아르바이트가 끝나면 항상 고민에 빠졌다.

1. 집에서 글을 쓰다가 저녁에 교회에 간다.
2. 집에 가지 않고 바로 교회가 있는 동네로 간다.

집으로 가기엔 오후 아르바이트가 없는 날을 기다려온 보람이 없었다. 여유롭게 카페에 앉아 글을 쓸 수 있는 몇 안 되는 날이기 때문이었다. 게다가 버스도 두 번 타야 한다.

그렇다면 교회 근처 카페에서 글을 쓰다가 가면 딱 좋겠는데, 그럼 점심도 밖에서 사 먹고 카페에서 커피도 마셔야 한다. 둘 다는 너무 부담스럽다. 둘 중 하나는 포기해야 한다.

늘 고민했지만 매번 선택은 같았다. 나는 수요일이면 버스를 타고 교회 근처로 갔다. 끼니는 걸렀다. 그리고 카페에 들어가서 배도 부를 수 있는 음료를 골랐다. 버블티가 제격이었다. 버블티를 억지로가 아니라 정말 좋아해서 먹을 수 있는 건 참 다행이었다.

그렇게 음료 한 잔을 놓아두고 창가 자리에 앉아 글을 쓰고 있다 보면 창 밖으로 많은 사람들이 지나갔다. 어떤 사람은 카페 안에 앉은 나를 유심히 쳐다보다가 눈이 마주치기도 했다.

걸으면서 카페에 있는 사람들을 구경하던 내가 떠올랐다. 나는 사람들을 보며 '저 사람들은 참 여유롭다.'고 생각했는데, 시간도 돈도 그 어느 것도 여유롭지 않은 내가 이번엔 카페 안에 앉아있었다. 궁금했다. 밖에 지나가는 사람 중에도 나를 부러워하는 사람이 있을까? 내가 바라본 카페 안에 있던 사람들 중에도 음료로 끼니를 때우던 사람이 있었을까? 사람은 자기 자신 말고는 아무도 제대로 알지 못하는 것 같았다. 노트를 펴서 적기 시작했다.

안에 앉아있는 사람은 밖에 걸어가는 사람을 모르고 밖에 걸어가는 사람은 안에 앉아있는 사람을 모른다. 안에 앉아있는 사람은 밖에 걸어가는 사람이 무엇을 취하고 쓰고 이야기하고 싶은지 모르고 밖에 걸어가는 사람은 안에 앉아있는 사람이 무엇을 버티고 바라보고 죄스럽게 여기는지 모른다. 나는 일을 해서 손님의 마음을 모르고 손님이라 일하는 마음을 모른다. 가난해서 주는 마음을 모르고 줄 수 있어 가난한 마음을 모른다. 사랑해서 사랑하지 못하는 마음을 모르고 사랑하지 못해서 사랑하는 마음을 모른다.

우리는 몰라서 몰라주는 것이 너무 많다. 눈이 마주칠 때 마음도 스치듯 보였더라면 탐내거나 깎아내린 시간이 아까울 거라고, 우리는 조금 더 자주 울어주었을 거라고 생각했다. 이 또한 뭘 몰라서 하는 생각이었다.

물론 그날 이후라고 해서 스물넷의 내 삶이 크게 달라지진 않았다. 여전힌 누군가를 부러워했고, 간단하게 끼니를 때웠고, 카페에 가면 4500원 만큼의 글이라도 쓰려고 노력했다. 하지만 내가 남보다 못하다거나 남이 나보다 낫다고 여기던 많은 것들에서 벗어나 내가 노력하고 있는가에 더 집중할 수 있었다.

그렇게 나는 스물여섯이 되었다. 많은 게 변했다. 버블티로 배를 채우며 오래오래 앉아있던 그 카페에서 나는 단골손님을 그만 두고 직원이 되었다. (사장님이랑 이런저런 얘기 나누다가 스카우트 되었다!) 아르바이트를 두세 개 할 때만큼의 돈을 벌면서도 더 많은 시간 글을 쓸 수 있다. 특히 이번 책을 마감할 때쯤부터는 거의 매일 집 앞에 있는 카페에 가서 커피를 홀짝이며 글을 썼다. 집에서는 도저히 글을 쓸 수 없으니 나를 위해 투자해야 돼!!!라고 소리치면서. 다른 사람과 비교할 때 엄청 부자가 된 것도 아니고 아직도 내가 포기해야 할 많은 소비들이 있지만, 그래도 카페에 앉아 가뜩 불러있는 배를 통통 칠 때는 정말이지 행복하다. 이런 말도 한다. "아으 배부른데 또 마실 건 마셔야지." 나는 글 쓸 때만큼은 스스로에게 밥도 커피도 든든하게 쏠 수 있는 사람이 되었다. 이건 거창한 성공 스토리도, 라떼는 말이야~하는 고생 스토리도 아니다. 굳이 말하자면 내 사정을 모르는 당신에게, 당신 사정을 모르는 내가 던지는 가볍고 귀여운 하루치 자랑이다.

자신이 없음

 내 인생을 통틀어 가장 자신감이 없으면서 있던 때를 기억한다. 중학교에 입학해서 맞닥뜨린 갖가지 충격과 새로움을 서서히 잊어갈 무렵이었다. 여름방학이 끝나고 1학년 2학기가 시작됐다. 방학을 지내는 동안엔 별생각 없이 편안했는데, 학교에 나오자마자 내 정체성이 다시 혼란스러워지고 있었다. 내가 어울려 다니는 애들 때문이었다.

 중학교 입학식 날. 나는 좀 논다는 애들에게 '찜'을 당했다. 나보다 두세 살은 더 많아 보이는 애가 저 멀리서 나를 보더니 손가락으로 가리키며 말한 것이다. "야 애들아. 쟤 좀 이쁘지 않냐?" 그러자 걔를 둘러싸고 있던 서너 명의 애들이 한 번에 나를 쳐다봤다. 그러더니 성큼성큼 나에게 다가오기 시작했다. "어디 학교 나왔어?" "그럼 OOO 알아?" "아 참. 이름이 뭐야?" 그러더니 갑자기 나보고 자기들이 있는 뒷줄로 오라고 했다.

같은 반으로 배정된 애들 중에 아는 얼굴이 한 명도 없던 터라 내 옆에 선 애부터 사귀어볼 참이었다. 이름이 예뻐서 써 봤던 학교에 덜컥 배정이 됐기 때문이었다. 무려 4지망이었다. 중학교가 발표되자마자 나는 이 학교가 어디에 있는지부터 검색해야 했다. 청원군에 있는 우리 집에서는 청주의 웬만한 학교가 다 멀었지만 이 학교는 생판 처음 듣는 동네에 있었다.

뒤로 가니 여섯 명 정도의 애들이 대열을 벗어난 채 떠들고 있었다. 같은 초등학교를 나온 것도 아닌데 얘네끼리는 이미 다 아는 것 같았다. 그 무리에 내가 갑자기 끼는 게 어색했다. 분명 오늘이 입학식인데 나 혼자 전학을 온 기분이었다. 아니, 좀 더 지켜보니 모두가 어색하고 뻘쭘한 이 상황에서 이 애들만 여유로웠다. 목소리도 크고 행동도 대범했다. 긴장한 기색이 전혀 없었다. 분위기는 점점 극단적으로 흘러서 이 몇 명을 뺀 나머지는 더욱 조용하게 쭈뼛댔다. 내가 이쪽 무리에 있어서 다행이라는 생각이 스쳤다. 운으로 들어온 느낌이 강했지만 처음이 뭐가 중요해. 앞으로 더 친해지면 되지. 하고 생각했다.

입학식이 끝나고, 각자 앉았던 의자를 들고 교실로 가라는 방송이 나왔다. 애들은 너무 아무렇지도 않게 그냥 교실에 가자고 했다. 내가 "의자는?"하고 물으니까 "아 괜찮아. 누가 들고 오겠지 뭐." 하며 킬킬댔다. 나는 태어나서 단 한 번도 이런 행동을 해본 적이 없어서 당황스러웠다. 두 개를 들면 들었지, 도망은 말도 안 되는 것이었다. 하지만 이미 거처를 걔네들에게 확실히 두었던 나는 주춤주춤 거리며 발걸음을 옮기고 있었다. 담임선생님이 우리를 발견하고 혼내지 않았다면 끝까지 교실로 갔을 것이었다. 괘씸죄로 의자를 두 개씩 들게 된 애들은 씩씩댔지만 그 끝에서 나는 마음이 편했다.

그날 이후로도 당황스러운 날들은 계속됐다. 오히려 당황의 크기는 커지기만 하는 것 같았다. 큰 소리로 떠드는 우리 대화를 들으며 반 애들이 전체적으로 웃을 땐 뿌듯하고 으쓱한 것도 사실이었다. 하지만 그런 때를 제외한 거의 모든 시간이 낯설었다. 선생님의 귀에 들리도록 욕을 할 때, 복도를 지나가는 장애인 친구를 대놓고 놀릴 때, 탈의실에 들어가 담배를 피울 때, 교실 바닥이 흥건해지도록 침을 뱉을 때마다 나는 어떤 생각도 골똘히 할 수가 없었다. 대충 보고 대충 들으면서 그 상황을 흘려보냈다. 정확히 보려고 하거나 객관적으로 따지다 보면 이 모든 걸 납득하며 견디는 내 시커먼 이유를 직면하게 되기 때문이었다. 학교 내에 펼쳐져 있는 이 무리의 위세에 껴있고 싶었던 욕구를 인정하는 게 어릴 땐 참 어려웠다. 나는 이 모든 것을 일부라고 생각하고 넘겼다.

그 애들의 행동을 따라 하고 싶은 마음이 들 때도 있었지만 내겐 그럴 용기도 없었다. 선생님께 반항을 하다가도 착해 보이고 싶었고, 친구를 놀리면서도 선생님께 이르러 가는 친구를 막을 치밀함이나 뻔뻔함이 내겐 없었던 것이다. 그건 다행이면서 불행이었다. 끝끝내 그 애들과 비슷해질 수 없었기 때문이다. 그 사이에 껴있으면서 누린 안도감은 아주 잠깐이었으며 그마저도 완전하지 않았다. 나는 무리일 때만 강했다. 복도를 휘젓고 다니고 동갑의 친구들이 자기 앞에서 짝다리도 짓지 못하게 만드는 애들과 함께였기 때문이다. 그러나 그 무리에서의 내 위치를 나를 포함한 모두가 알았을 것이다. '야려본 건 아니었지만 야려본 것처럼 눈을 떠서' 미안하다고 사과해야만 하는 급의 '친구'라는 걸 말이다.

방학이 되어서야 비로소 나는 나일 수 있었다. 두 달간 걔네와 논 날은 하루 이틀에 불과했다. 집이 멀어서인지 내가 별로 생각이 안 나서 인지는 모르겠지만, 나를 찾지 않았다. 걔네를 반쯤 잊고 사니 너무 즐거웠다. 멍했던 모든 감각들이 살아나는 것 같았다. 둔해지기 위해 애써 두껍게 쌓은 껍질에서 오래간만에 나온 기분이었다. 아무 노력을 하지 않아도 부끄럽지도 낯설지도 않은 날들을 사는 게 가능했다.

그러다가 오랜만에 학교에 나오니 더 친하게 뭉쳐진 무리가 보였다. 방학 내내 만난 데다 멀리 놀러도 갔다 온 모양이었다. 열네 살의 내가 방학 동안 나의 정체성을 깨닫고 그 무리로부터 스스로 떨어져 나갔다면 멋있겠지만. 나는 2학기 동안에도 기어코 그 무리에 붙어있었다. 중학생의 정체성이란 하루만에도 부서지고 다시 세워지는 모래성 같은 것이기 때문이다. 사방에서 물과 바람과 손과 발까지 들어오는데 내 모래성은 너무도 연약했다. 며칠 만에 나는 이리저리 깎이고 부서졌다. 내가 속해있는 무리 안에서 자신감을 잃어갈수록 그들에게 인정을 받는 것으로 회복되어야 한다고 생각했다. 아이러니한 건 그날들을 버티는 힘을 나를 나답게 만들어주는 몇몇 친구들과의 대화에서 얻었다는 점이다. 가끔 그 무리에서 떨어져 혼자 남았을 때 떠들던 반 친구들, 수업 시간에 사이좋게 킥킥 대던 옆자리 짝꿍과의 대화에서. 우정이 무엇인지도 모르면서 나도 모르게 진짜 우정의 힘을 빌리던 어린 다은이었다.

자신이 있음

켄지를 처음 본 건 2학기의 어느 날이었다. 왜 1학기 때는 한 번도 못 봤냐면 얘가 2학기에 전학을 왔기 때문이다. 학생 수가 많지 않은 신설 중학교여서 누가 전학 오면 남녀 불문 관심이 주목되고 소문이 돌았다. 켄지도 마찬가지였다. 전에 있던 학교에서 사고를 쳤다는 말과 완전 날라리라는 말이 돌았다. 그리고 그 소문이 맞을지도 모른다고 걔를 복도에서 처음 본 날 나는 생각했다. 마른 체형에 살짝 까무잡잡한 피부, 잘생긴 이목구비와 찡그린 표정까지. 까칠하고 반항적으로 보이는 첫인상이 딱 영화 〈크로우즈 제로〉의 켄지 같았기 때문이다. (얘를 켄지라고 부르는 이유다.)

그 후로도 복도에서 켄지를 자주 봤다. 내가 같이 다니던 애들은 쉬는 시간마다 복도에 나가서 떠들었기 때문이다. 같이 복도에 나가긴 했지만 나는 딱히 하는 일도, 하는 말도 없었다. 주로 듣고 있다가 웃기면 같이 웃는 정도였다. 켄지는 어느새 친구를 많이 사귄 것 같았다. 자기 반 앞 복도에 나와 남자애들 여럿과 놀고 있었다. 활짝 웃는 켄지는 내가 본 처음의 켄지의 인상과 사뭇 달랐다. 걔가 그때 걔가 맞나 의심스러울 정도였다. 볼 때마다 새로운 얼굴이 보여서 자꾸 힐끔힐끔 쳐다보게 됐다. 내 옆에 여자애들은 어느 날부터 켄지에게 말을 자주 걸었다. 얘는 매번 부끄러워하면서도 부드럽고 상냥한 말투로 대답을 했다.

그때부턴 옆에서 대놓고 얘를 관찰했다. 생각보다 상냥하네. 생각보다 목소리가 좋네. 생각보다 천진난만하네. 생각보다 장난기가 많네. 생각보다 친구들한테 인기도 많고…. 생각보다, 생각보다, 생각보다…. 잠깐. 언제부터 얘 생각을 이렇게 다양하게 했지? 게다가 나는 내 생각을 뛰어넘는 켄지의 모습에 놀라고 즐거워하고 뿌듯해하고 있었다. 이럴 수가. 얘를 좋아하는 게 틀림없었다. 저 멀리서 웃고 있는 켄지를 한 번 더 보고는 확신했다. 마음이 콩닥콩닥했다. 여태껏 조용히 서있기만 했던 게 용할 정도로 애랑 대화하고 싶은 마음이 솟구쳤다. 복도에서 만나면 인사를 하고 아무렇지 않게 말을 걸고, 불량식품도 나눠주는 사이가 되고 싶었다. 나는 결심했다. 애가 나를 좋아하게 하고 말겠어! 그냥 친해지기만 하기엔 이미 애 생각을 너무 많이 하고 있었던 것이다.

결심을 굳히니 마음이 급했다. 고민을 길게 했다간 애한테 여자친구가 생기는 건 시간문제인 것 같았다. 지금껏 애를 열심히 쳐다보긴 했지만 말 한 번 섞어본 적이 없으니 나를 모를 확률이 높았다. 나라는 존재를 들이대야 했다. 그날 집에 가자마자 네이트온 친구 신청을 했다. 학교 끝나고 집에 가면 다들 네이트온부터 접속하고 보는 때였다. 일단 네이트온 친구 정도는 되어야 다음 단계를 진행할 수 있을 것이었다. '내가 자기한테 관심 있다고 생각하면 어떡하지?'하는 걱정 따위는 접어둔 지 오래였다. 관심 있음을 최대한 어필하는 게 목적이었으므로.

친구 신청을 한 지 1분도 채 되지 않았는데 켄지한테 먼저 쪽지가 왔다.

켄지 : 안녕ㅋㅋㅋ 다은아

난 너무 놀란 나머지 입을 벌리고 "헐 뭐지? 헐 뭐지!!?"라고 소리쳤다. 얘가 나를 알 거라고 기대도 하지 않았기 때문이다. 게다가 먼저 쪽지를 보낼 줄은 더 상상하지 못했다. 난 가까스로 정신을 차리고 답장을 보냈다.

나 : 안뇽ㅋㅋ 너 나 알아?? 모를 줄 알았는데..

켄지 : 알지ㅋㅋㅋ너 쌍둥이잖아 맞지??

나 : 헐 마쟈. 어떻게 알았어??

켄지 : 애들이 알려줘써ㅋㅋ 나 복도에서 너 맨날 봤는뎅ㅋㅋ

나 : 나도!! ㅎㅎ 그래서 친해지고 싶어서 친구 걸어써...ㅠㅠ

켄지 : 아 진짜?ㅋㅋ 나도 친해지고 싶었어ㅎㅎㅎ 그럼 우리 싸이도 일촌 맺쟈ㅑ

나 : 헐.. 조치! ㅠㅠ

켄지 : 일촌명 뭐로 할래???

나 : 너가 정해ㅋㅋㅋㅋ

켄지 : 아 모야~ 같이 정해 그럼!

나 : 아냐 진짜 너가 정해ㅋㅋㅋ난 아무거나 괜차나

켄지 : 흐음...ㅋㅋㅋ 알게쒀 그럼 정해서 보낼 테니까 받아줘!

말이 안 되는 상황이 내 앞에서 펼쳐지고 있었다. 나는 아무렇지 않은 척 쪽지를 보내기 위해 혼신의 힘을 다해 한 자 한 자를 적어야 했다. ㅋ 개수가 너무 많지도 적지도 않도록 신경 쓰면서. 그 와중에 적절하고도 신박한 일촌명을 창조해낸다는 건 거의 불가능에 가까웠다. 시간이 조금 지난 후 개가 일촌신청을 보냈다. 뭐라고 했을까..? 떨리는 마음을 부여잡고 열어보았다.

켄지 님께서 이다은 님과 일촌맺기를 희망합니다.
아래 일촌명으로 신청하셨습니다.

켄지(죽기1초전까지)-이다은(죽기1초전까지)

일촌을 맺으시겠습니까?

와..우.. '죽기 1초 전까지'라니…. 인터넷에 '일촌명 추천'을 검색한 게 분명했다. 지식인 답변에 있던 100개 정도 후보에서 일단 거르고 보던 일촌명이었는데. 취향의 차는 둘째치고 너무나 강렬한 이 일촌명이 갓 대화를 나누기 시작한 우리에게 가당키나 한가 싶었지만 이것이 켄지의 마음인가 하는 희망도 함께 떠올랐다. 죽기 1초 전까지 함께 할 사이가 되겠다는 건가!!! 나는 아주 기쁜 마음으로 일촌신청을 수락했다.

그날 이후로 우리는 매일매일 네이트온으로 쪽지를 주고받았다. '내일은 만나면 인사하기다!' 로그아웃할 때마다 약속했지만 이상하게 복도에서 마주치면 걔도 나도 인사를 못 했다. 멀리서부터 서로를 의식하다가 재빠르게 눈인사만 하고 지나갔다. 부끄러워서 그러기도 했지만 애와 내 사이가 왠지 모르게 비밀스러웠기 때문이다. 얘는 점점 노는 친구들과 어울렸지만 나는 여전히 안 노는 애였다. 같이 다니는 애들과 도통 거리가 좁혀지지 않는. 나는 다혜 말고는 누구에게도 켄지 얘기를 하지 않았다.

켄지와 나 사이에 벌어지는 일은 내 주위에 벌어지는 모든 일들과는 분리된 독립적인 사건이었다. 같이 다니는 애들 사이에서 자신 없이 구는 나도 얘 앞에서는 자신이 있었다. 내가 점점 다른 친구들과 어울려 다니게 되더라도 얘는 쭉 좋아할 예정이었다. 얘도 그럴 거란 확신이 있었다. 나는 상냥하고 재밌고 예뻤다. 적어도 얘한텐 확실히 그랬다. 매일 몇 시간씩 주고받는 쪽지와 서로의 주위를 어슬렁거리며 몇 번이나 마주치는 눈빛이 그렇게 말해주고 있었다. 발전되어가는 우리 사이가 너무 기뻐서 나는 매일 싱글벙글 웃었다.

하루는 켄지와 비밀스러운 데이트를 하기도 했다. 아주 건전하고 바람직한 스터디의 탈을 쓴 데이트였다. 일의 발단은 역시 네이트온 쪽지였다. 시험공부하기 싫다며 징징대던 켄지가 넌 공부 잘해서 좋겠다며 푸념을 늘어놓았다. 나는 기회를 놓치지 않고 공부 가르쳐줄까 하고 물었다. 주말이었으니 학교 밖에서 만날지도 모르는 일이었다. "내가 너네 동네까지 갈게!"라고 보내 놓고는 대답도 듣지 않고 가방을 바리바리 싸고 있었다. 그런데 켄지는 살짝 당황한 듯했다. 오늘은 어렵고 내일 학교에서 일찍 만나는 거 어떠냐는 쪽지를 보냈다. 그러면서 덧붙인 한 마디. "너 정말 나 좋아하는구나?"

"뭐래~ㅋㅋㅋ"하면서도 그 말이 하나도 신경 쓰이지 않았다. 어차피 너도 나 좋아하는 거 안다는 마음이었다. 어떻게 이렇게 자신감이 풀로 충만하였는지 모르겠다. 나이를 먹고 더 많은 애정과 표현과 증거 앞에서도 나는 이렇게 자신만만할 수 없었다. 우리는 그다음 날인 월요일에 아침 일찍 만나기로 했다. 등교 시간보다 무려 두 시간이나 일찍.

켄지는 학교 바로 옆에 있는 아파트에 살고 있었지만 나는 일찍감치 엄마 차를 타고 20분을 달려 학교에 와야 했다. 다혜도 불평 없이 이른 등교에 함께 해주었다. 켄지와 내가 친해지는 과정을 보면서 계속 신기해하고 응원해 주었기 때문이다. 켄지의 반에 들어가자 텅 빈 교실에 얘만 혼자 앉아있었다. 우리는 서로 쑥스러워 어쩔 줄 몰라 했다. 한 교실 빼고는 불이 모두 꺼져있는 학교의 분위기가 이 상황의 어색함과 설렘을 배로 키워줬다. 나는 켄지 앞자리에서 뒤를 돌아앉았다. 우리는 쑥스러운 와중에도 사회와 과학 책을 펼쳐서 진짜 공부를 했다. 공부라기보단 수업에 가까웠지만. 켄지가 모르겠다고 하는 부분을 짚으면 내가 설명을 해줬는데 완전 잘 아는 부분도 있었고 잘 몰라서 당황스러운 부분도 있었다. 그래도 꿋꿋이 아는 척하며 가르쳐주었다. 중간부터는 틀린 말을 해도 얘가 고개를 끄덕인다는 걸 알았다. 그때부턴 별 부담 없이 설명했다. 설명을 하는 나도 듣는 애도 왜 하는지 모를 정도로 정신이 다른 데 있었다.

한참을 시시덕거리는데 벌써 한 시간이 지났다. 학교에 일찍 오는 애들이 한두 명씩 교실로 들어와 놀란 눈으로 나를 쳐다봤다. 남자 교실에 여자애가 있으니 그럴 만도 했다. 켄지도 슬슬 눈치를 보더니 책을 정리했다. 나는 얼른 가방을 싸서 복도로 나왔다. 켄지가 공부 가르쳐줘서 고마워. 하고 인사했다. 계속 붙어 앉아있었으면서 이렇게 가까이에서 인사를 하는 게 새삼스럽게 감격적이었다. 인사를 하면서 슬쩍 손이 스쳤다. 우리 반 교실로 걸어가는데 웃음이 실실 나왔다. 오늘부터 우리가 어떤 특별한 사이가 될 것만 같았다. 아니, 그럴 것이었다. 자신 있었다.

막상 쓰려니 또 마음이 아파오지만 이 날 이후 나는 켄지와 한동안 네이트온 쪽지조차 주고받을 수 없었다. 켄지가 계속 네이트온에 접속하지 않았기 때문이다. 회색빛으로 불이 꺼져 있는 걔의 아이디를 보면서 몇 날 며칠을 보냈다. 그때 난 휴대폰이 없었기 때문에 전화를 하거나 문자를 보내볼 수도 없었다. 학교에서 켄지와 마주칠 때도 있었다. 나는 아주 멀리서부터 걔를 뚫어지게 쳐다봤는데 걔는 의도적으로 날 피했다. 피할 수 없으면 눈을 내리깔고 지나갔다. 그러는 이유가 뭔지를 당최 알 수 없었다.

차라리 걔를 마주치지 않기를 바랄 무렵, 같이 다니는 무리 중 다른 반이었던 어떤 애와 켄지가 사귄다는 말을 들었다. 애들은 쉬는 시간마다 그 여자애와 켄지를 붙여 세워놓고 꽁냥거리는 그들을 놀렸다. 둘이 너무 잘 어울린다며 아주 축복에 축복을 해주기도 했다. 이 모든 상황이 너무 드라마의 한 장면처럼 느껴졌다. 권력에 넘어간 남자와 뒤에서 슬퍼하는 비련하고도 평범한 여주인공.. 나는 켄지를 너무도 믿었기에 센 언니 같았던 그 여자애에게 켄지가 어쩔 수 없이 넘어간 거라고 확신했다. 한두 달간은 그런 켄지를 안쓰러워하며, 언제 내게 연락을 할지 모른다는 마음으로 네이트온 로그인을 사수했다. 그러나 기다리고 기다려도 네이트온 쪽지는 오지 않았다. 점점 걔를 너무 나 좋을 대로 바라봤는지도 모르겠다는 생각이 들었다. 나는 드라마 여주인공도 아니고 그냥 점점 더 평범해지는 여자애일 뿐이었다.

그 때부터 같이 다니던 애들과도 조금씩 멀어졌다. 쉬는 시간에도 복도로 나가지 않고 반 친구들과 어울렸다. 거의 1년을 붙어 다닌 애들은 내가 없이도 똑같이 복도로 나가고 신나게 떠들었다. 걔네가 아닌 다른 친구들과 어울리는 건 아무런 일도 아니었다. 그걸 커다란 실패처럼 겁냈던 게 무색할 정도였다. 내가 누구랑 어울리든 켄지는 나 자체를 좋아할 거라고 믿었다. 켄지는 그 믿음을 저버렸다. 하지만 그 믿음은 되려 나를 살렸다. 내가 얼마나 좋은 애인지를 구체적으로 자신할 수 있게 된 것이었다. 켄지는 바보가 틀림없다고 결론을 내렸다. 그 후로 나는 네이트온을 까맣게 잊고 지냈다.

2학기가 끝나고 다시 겨울방학이 찾아왔을 때 오랜만에 네이트온에 접속했다. 교회 언니 오빠들과 한창 재밌게 채팅 중인데 별안간 쪽지가 하나 날아왔다.

"다은아 안녕ㅋㅋ 잘 지내?"

다들 예상했겠지만 켄지가 보낸 것이었다.

내가 보낸 답장의 내용을 한 글자도 빼놓지 않고 기억한다. 10년이 지난 지금까지도 명 답장이라고 인정하고 있다. 그때의 나만큼 자신감 넘치고 멋진 이다은이 또 있을까 싶을 정도다. 다시 답장을 보낼 기회를 준다 해도 난 거절할 것이다. 사실 스물한 살에 켄지를 길에서 우연히 본 적이 있는데, 걔 얼굴을 보자마자 이 답장이 떠올라 혼자 웃음을 참아야 했다.

"살아있었네?ㅋ"

그 이후 날아온 켄지의 답장은 상상에 맡기겠다. 왜냐면 쓰고 싶어도 쓸 수가 없기 때문이다. 다 까먹어버렸다.

견디는 날들

이 책을 들춰보고 저 책을 들춰 읽다 나는 백지로 돌아온다. 전등을 뚫어지게 바라보다가 눈을 감으면 어둠 사이에 붉은 원이 피어나는 것처럼. 방금 읽은 문장과 문장 사이 간격들이 여백에 어떤 흔적을 남겨 주리라는 믿음, 그 흔적이 나의 길잡이가 되어주기를 바라는 마음을 챙겨 나의 글터로 오는 것이다.

몇 번 눈을 깜빡이는 동안 희미하게 빌려온 문장은 형태를 잃고 사라진다. 애쓰지 않고 가져온 것들은 어김없이 신기루처럼 곁을 떠난다. 안일한 믿음을 탓하듯 더욱더 하얗게 질린 종이를 쳐다보면서 나는 글을 쓰지 않는 동안 글만 쓰지 않은 게 아니었다고 생각한다. 어떤 감정이 내게 스며들도록 붙잡지 않았고, 어떤 일이 나를 끝까지 아프게 하도록 머금지 않았다. 모든 일을 흘러가면 흘러가는 대로 두었다. 어떤 사람은 몸과 마음에서 자꾸 털어내었다. 붙잡지 않고, 머금지 않고, 흘러가게 털어낸 날들은 대체로 견딜만했으나 글로 적으려 할 땐 몇 배로 어려웠다. 다시 읽어보지 못하게 꽁꽁 싸맨 편지 묶음처럼 기억이 뭉툭했다. 그날들에 대하여 쓸수록 인정하는 건 내가 무언가를 집요하게 견디는 일을 포기했다는 것뿐이다. 그래서 견딜만한 날들이 이어질 수 있었다.

내일로 넘어갈 때 오늘이 부담된 것은 언제부터였을까. 오늘을 접고 또 접기 바빴다. 하루를 정리하며 펼치는 고른 잠자리만이 나를 위하는 일이라 착각했다.

오랜만에 친구가 찾아온 밤처럼 오늘은 구석으로 잠을 미루어 놓았다. 연민과 그리움도 잔뜩 펼쳤다. 슬픔을 슬픔으로 간직하기 위해 더 슬퍼할 준비를 하는 것이다. 나의 그런 모습을 청승이라고 한다면 할 말이 없다. 그저 박연준 시인처럼 나도, '청승이 취미'라고 할 수밖에.

모르는 사람은 모른다. 청승이 취미가 되어야 더 힘이 생기는 공간도 있다는 것을. 아무것도 세워놓지 않은 여백이 방금 내린 눈으로 뒤덮인 운동장처럼 느껴지는 때가 온다는 사실을. 망설이던 걸음을 떼 전진해 본다. 앞선 흔적도, 따라갈 간격도 없는 그곳에는 저 멀리 네가 있다. 이 새벽 글을 쓰는 나를 외로이 두지 않겠다고 말하는 사람. 같이 밤을 지새우는 모습으로 더 많은 말을 대신하는 사람. 때로는 평범한 말이 눈처럼 내리며 비뚤비뚤한 발자국을 따라 덮는다. 어떤 글자도 영원하지는 않다며 나를 안심시킨다.

2장   내가 가진 가장 착한 죄책감

이 이야기를 쓰게 된 건 착해서가 아니라
이게 내가 가진 가장 착한 죄책감이기 때문이다.

쓰면 쓸수록

　인어공주가 목소리를 잃고 뭘 얻었더라…. 아. 순서를 바꾸어 궁금해해야 하는 걸지도 모르겠다. 인어공주가 다리를 얻기 위해 뭘 포기했더라…. 그렇다. 인어공주는 마녀에게 목소리를 내어줬다. 무려 말하는 능력을 포기했다는 말이다. 왕자와 인어공주가 서로 사랑에 빠지는지. 그것만이 유일한 관심사였던 동화를 왜 계속 짚어보냐면 내가 목소리를, 아니 정확히 표현하면 말하는 능력을 점점 잃어가고 있다는 생각이 들기 때문이다.

중 고등학생 때부터 스무 살 초빈일 때만 해도 나는 말을 잘하는 편이라 자부했다. 교회에서든 학교에서든 앞에 나가 말하는 역할은 주로 내 몫이었다. 전달하려는 얘기는 사실 상 몇 초만에 끝나니 일단 앞에 나가면 분위기를 띄우고 사람들을 웃게 만드는 게 더 중요한 일이었다. 나는 진행 중에 갑자기 누군가를 주목시켜 은근히 놀리곤 했는데, 꼭 진행할 때가 아니어도 여럿이 대화를 나눌 때마다 그랬다. 내가 누구를 놀리면 사람들은 웃었고, 안타깝게도 나는 그것이 다 같이 웃기에 효과적이라고 여겼다. 일단 앞에서 웃기고 뒤에서 사과하면 된다고 생각했다. '내 장난이나 놀림 때문에 상처받았다면 정말 미안해. 그건 진심이 아니야. 내 마음 알지?' 이건 몇 년간 내가 쓴 편지에 빼먹지 않고 등장한 말이다.

그때의 나를 돌아보듯이 쓸 수 있는 건 지금의 내가 조금은 말을 조심하는 사람이 되었다는 의미일 테다. 대체 언제부터 어떤 이유로 나의 말이 무책임하고 무례하다는 것을 깨달았을까? 내가 역으로 놀림의 대상이 되어 큰 창피를 당했다거나 모욕감을 체험했던 건 아니었기 때문에 단번에 어떤 사건이 떠오르지는 않았다. 내 말과 생각을 서서히 변화시킨 건 무엇이었을까?

나이가 들면서, 또 말에 대한 여러 책과 방송을 접하면서 여러 깨달음이 복합적으로 왔겠지만 아무래도 나를 변화시킨 중심엔 확실히 글쓰기가 있다. 글을 쓰는 목적이 처음에는 '나'에게만 있었다. 감정을 오래 깊숙이 품는 나로서는 그 감정을 어디에 덜거나 풀어내는 일이 필요했기 때문이다. 글쓰기가 내게 맞는 도구였다. 내가 쓴 단어들에 마음속 감정이 스며들어 가는 게 좋았다.

글을 쓰다 보니 더 적합한 명사와 동사로 마음을 표현하고 싶어졌다. 그러기 위해 먼저 내 기분과 마음은 어떤지 살피는 일이 선행되었다. 그렇게 내 안에 있던 떳떳하지 못한 마음을 보았다. 누군가에게 상처를 주고 있다는 걸 알면서도 저지르는 행동에 죄책감을 가지고 있었던 것이다.

게다가 나를 위해 쓴 글이 다른 이에게 위로가 될 수 있다는 사실을 알게 되면서 쓰는 나와 말하는 내가 달라서는 안 되겠다는 생각을 많이 했다. 그동안 말은 내게 너무 쉽고 빨랐는데, 글은 어려운 만큼 더뎠다. 어렵게 쓰고, 느리게 쓰며 나는 '쓰는 나'를 사랑하게 되었다. 그러나 '말하는 나'는 그럴 수 없었다. '말하는 나'는 일단 저지르고 뒤늦게 사과하는 무책임한 사람이었다. 말하는 나를 한 번도 사랑한 적 없었다는 걸 쓰면 쓸수록 나는 알게 되었다.

　너무 오랫동안 입안에서 말을 굴리는 요즘의 내가 답답하기도 하지만 기쁠 때가 더 많다. 어떤 말을 끝까지 꺼내지 못하고 집까지 가져온 날엔 뿌듯하기까지 하다. 대부분 그때 말하지 않기를 잘한 것들이기 때문이다. 대화 중에 번뜩 떠오른 개그 소재가 있어도 기분이 상할 가능성이 있다면 그대로 묻고, 좀 더 거친 표현과 자극적인 어투가 맛깔날 것 같아도 싱겁고 건강한 대화가 오래 남는다는 걸 기억하려 애쓴다.

　인어공주가 말을 할 수 없게 된 게 어린 나는 너무 분통했었다. 사람을 만들어준 대신 사람이 가진 가장 큰 능력을 빼앗아간 것만 같았다. 그런데 과연 그럴까? 말할 수 있는 것이, 내 생각과 마음을 모두 표현할 수 있는 목소리가 누군가에게 닿을 수 있는 가장 큰 능력일까? 가장 빠르고 쉬운 방법은 될 수 있을 것이다. 그러나 너무 빠르고 쉬우면 진심을 전하기가 어렵다. 진심은 변하지 않는 것이라 너무 변화무쌍한 것에는 담길 수 없기 때문이다. 머뭇대는 동안 나는 누군가를 한 번 더 생각한다. 그리고 그사이에는 진심이 깃든다. 그것을 쓰면 쓸수록 나는 알게 되었다.

다섯 시의 나

　오후 다섯 시에 나는 약간 시니컬한 사람이 된다. 이래 봬도 그건 매우 시니컬할 뻔한 나를 한 템포 진정시킨 거다. 카페로 출근하는 십오 분 가량의 시간 동안 나는 아주 무표정하다. 지나가는 누구도 유심히 보지 않고 오직 발랄하고 희망찬 노래를 들으며 앞으로만 걷는다. 출근 전 아무것도 해내지 못한 오늘의 나를, 노래와 풍경과 곧 마시게 될 시원한 커피 한 잔에 희석하는 과정이라고 할 수 있다.

　여러 직업을 가지고 잘 살아가고 있는 사람들의 삶은 어떤

까. 그들은 바쁘지만 어느 곳의 어떤 사람이 되어도 똑 부러지게 해낼 것만 같다고 투 잡을 가진 나는 매일 생각한다.

나는 일어난 순간부터 오후 세 시 반까지 출간일이라는 데드라인을 가지고 글을 쓰는 작가다. 그리고 한 시간의 외출 준비를 하며 프리랜서의 옷을 벗는다. 오후 다섯 시에 출근해 여섯 시간씩 고정적으로 일하는 바리스타가 되기 위해서다. 오전 열 시쯤부터 일과를 시작한다고 계산해도 하루의 시간을 일 대 일 비율로 공평하게 나누어 두 가지 일을 하는 셈이다. 어느 곳의 어떤 사람이 되어도 충분히 집중할 만한 시간이 확보된 운 좋은 사람이지만, 사실 나의 두 가지 잡은 주어진 절대적인 시간만큼 균형 잡혀 있어 보이진 않는다. 마치 글 쓰는 프리랜서가 또 다른 잡인 바리스타에게 잽을 맞는 형태로 연명되고 있다고 할까.

책 〈심신단련〉에서 이슬아 작가는 '글쓰기는 참으로 혼자의 일이다'라고 말한다. 글을 써야지, 무엇을 써야지, 어떻게 써야지, 일단 써야지, 쉬었다 써야지, 오늘은 그만 써야지. 이 모든 것을 혼자 마음먹고 결단하고 행동해야 하는 일이니 글쓰기는 참으로 혼자의 일인 것이 맞다. 이다은은 혼자 이 모든 걸 해낼 때도 있는 멋진 사람이지만 때로는 '글을 써야지' 시작 단계조차 진입하지 않는 게으르고 연약한 사람이기도 하다.

첫 단계인 주제에 가장 높고 막막한 '일단 쓰기'의 단계를 깨지 못하는(않는) 날에는 나는 조금 막무가내로 놀고먹는다. 시작과 끝은 있어도 중간은 없어! 라고 외치는 사람처럼 열심히 쓰거나 아예 진탕 놀아버리는 날이 극과 극으로 이루어지는 것이다. 넷플릭스와 왓챠플레이를 번갈아가며 보기도 하고 (둘 다 구독할 부유함은 갖추지 않았으므로 하나는 체험판.), 무한도전에 급 꽂혀 에어로빅이나 댄스스포츠 시리즈를 눈물 흘리며 돌려보고, 인스타그램에서 아주 웃기거나 심각하게 귀여운 영상들에 책갈피를 누르다 보면 어느새 오후 세 시 삼십 분이 되어있다. 시간은 나를 분 단위로 재촉한다. "얼른 씻어 이 게으름뱅이야! 너 출근해야지." 꼭 이렇게 말하는 것 같다.

출근길에 끌려가는 듯이 마음이 무거운 건 이 때문이다. 제대로 할 일을 끝내지 못해서 퇴근도 할 수 없는 작가의 미련이 바리스타에게 업혀있다. 오늘도 열심히 일해보려는 당찬 바리스타는 더 긍정적이고 활기찰 수 있는 기회를 작가로 인해 자주 빼앗기는 것 같다. 게다가 약간 시니컬한 오후 다섯 시의 나에게 당하는 것은 나뿐이 아니다. 어제는 카페 사장님이 물었다.

"글은 잘 쓰고 있어?"

나는 사장님을 쳐다보지도 않고 오로지 지금 다지고 있는 딸기만이 중요하다는 듯 대답했다.

"열심히는 쓰고 있어요."

말하면서도 아주 찔렸다. 놀다가 출근했기 때문이다.

"열심히? 열심히만 쓰는 거야? 잘 쓰고 있는 건 아니고?"

자신의 카페에서 일하고 있는 직원에게, 언젠가 이곳을 떠나버릴 지도 모를 꿈에 대하여 묻고 응원하는 고용주가 얼마나 있을까. 그런 그에게 나는 말하고 만다.

"잘 쓰는 지는 제가 판단할 게 아니죠."

장난 섞인 질문에 이토록 무섭고 진지한 대답이라니. 불쌍한 사장님…. 내 빠른 칼질에 애꿎은 도마만 빨갛게 물들었다.

이렇게 보면 바리스타가 작가 때문에 희생하는 듯 싶지만 바리스타로서의 이다은은 작가와 다르게 잘 흔들리지 않는다. 시니컬하든 활기차든 거의 매번 성실하게 최선을 다한다. 고용되어 있는 위치, 무에서 유보다는 유에서 유를 만들어낼 부지런함만 있으면 되는 환경 덕분일 수도 있다. 글쓰기를 잘 해내지 못했을 땐 또 다른 잡이라도 잘 해내고 싶어서, 글쓰기를 해냈을 땐 또 다른 잡까지도 뿌듯하게 해내고 싶어서이기도 하다. 확실히 출근하고 확실히 퇴근하는 오후의 여섯 시간은 낭비한 여섯 시간에게 잽을 날리고도 남을 힘과 기쁨을 안겨준다. 그런 바리스타의 잽이 날아오면 작가 이다은은 일어난다. 좀 변태 같지만 잽을 맞을수록 힘이 나기 때문이다. 의욕적이다가 무기력하고 밤낮을 가리지 않다가도 낮조차 버거워지는 변덕스런 작가의 시간은 고정적이고 성취감 쩌는 바리스타의 존재 덕분에 삶이란 링에서 버틴다.

때로 동생이 '출근 전에, 퇴근 후에 쉬고 싶은 게 당연하지.'라고 말하면 은근슬쩍 동의하고 싶은 것도 사실이다. 일하기 전에는 다들 쉬다 가지 않나...?하는 간사한 마음이 생긴다. 그럴 때면 '너는 출근을 해서 고작 여섯 시간 일하고 있어. 네가 왜 여섯 시간만 일하고 딱 그만큼만 돈을 버는지 알지?'라며 자꾸 상기시킬 필요가 있다.

뭐 하나 제대로 못할 바에는 제대로 된 직장을 가져보거나, 카페에서 일하는 시간을 좀 늘려보는 건 어떠냐며 다가오는 주위의 걱정 어린 충고를 들을 때도 마찬가지다. 그런 말들은 가끔 스물여섯의 내 생황을 직시하게 만들지만 그럴수록 다잡는 생각은 '열심히 자리 잡자'라거나 '열심히 일해보자'가 아닌 '열심히 써보자'는 것이다. 바리스타 이다은이 작가 이다은을 버틸 수 있게 해준대도, 작가 이다은이 없었다면 바리스타 이다은은 탄생하지도 않았을 거란 사실을 나는 알기 때문이다. 남들이 보지 못하는 작가 이다은의 미미한 존재감을 키우기 위해, 어제의 잽을 딛고 일어난 오늘의 나는 글을 쓴다. 발랄한 노래를 선곡하지 않아도 오늘 오후 다섯 시의 나는 즐거울 것 같다.

착한 죄책감

교회 수련회를 갔을 때 일이었다.

이십 대부터 삼십 대 초반까지 골고루 섞인 우리는 일곱 명 정도씩 조를 나누어 동그랗게 모여 앉았다. 조원끼리 좀 더 알아가고 친해지려고 대화할 시간을 마련한 것이었다. 여러 질문지 중에 하나씩을 뽑아서 자기 차례가 되면 질문에 대답하는 방식이었는데 평소에 쉽게 물어보거나 꺼내지 않는 이야기를 듣기에 좋았다. 민감한 비밀을 캐내는 질문은 아니었고 '가장 후회하는 일은?'이나 '내가 철이 들었다고 생각했던 때는?' 같은 질문들이 있었다. 일상생활에서 대뜸 "나는 말이야~"하고 말하는 주제는 확실히 아닌 것들 말이다.

친하게 웃고 장난치던 언니, 오빠, 동생들의 또 다른 모습을 볼 수 있는 시간이기도 했다. 작정하고 질문과 대답만 하는 이 시간의 장점은 대답하는 한 사람을 향해 모두 들을 준비가 되어 있다는 거였다. 앞사람의 진지함이 그다음 사람의 솔직함을 끌어냈다. 대충 얼버무리고 마는 사람 없이 각자 마음속에 담아 둔 대답을 하나씩 꺼내 보였다. 웃긴 얘기와 슬픈 얘기가 정해진 바 없이 들쑥날쑥 오갔다.

앞사람들의 제일 기억나는 순간과 이상형과 가보고 싶은 여행지와 돌아가고 싶은 때를 듣다 보니 빠르게 내 순서가 왔다. 사람들이 모두 나를 쳐다봤다. 손에 쥔 질문지에는 '되돌리고 싶은 순간은?'이라고 쓰여 있었다. "제가 되돌리고 싶은 순간은 초등학교 일 학년 때 갔던 소풍날인데요….",라고 말하며 침을 꿀꺽 삼켰다. 질문지를 뽑자마자 생각난 순간은 이거뿐이었다. 진짜 시간을 되돌릴 수 있을 것처럼 망설임 없이 여덟 살 나의 마음을 떠올렸다. 스물다섯 살이 되어서도 이날을 생생히 떠올리게 될 것을 여덟 살의 나는 정말이지 몰랐다.

소풍 전날이면 엄마와 나와 다혜는 꼭 마트에서 같이 장을 봤다. 김밥에 들어갈 햄을 우리가 골라 오겠다며 엄마보다 먼저 뛰어가서는 깔려있는 상품들 중에 가장 통통하고 굵직한 햄을 골랐다. 그리고 맛살 대신 햄을 두 개씩 넣자며 졸라댔다. 김밥 하나도 예쁘게 구색 맞춰 싸는 걸 좋아했던 엄마는 그래도 재료를 다 넣어야 맛있다며 햄과 맛살 그리고 시금치, 계란, 단무지 등을 카트에 담았다. 김밥 재료 쇼핑이 끝나면 계산대로 향하는 길에 있는 과자와 음료수 코너에서 가지고 갈 간식도 각자 하나씩 골랐는데, 쫙 펼쳐진 알록달록한 과자 중에서 하나를 고르는 건 가장 즐겁고 짜릿한 순간이 아닐 수 없었다.

평소처럼 과자를 고르려는데 엄마가 음료수만 사서 가자고 말했다. 이번에는 과자 대신 감자튀김을 싸 가면 어떠냐는 말을 덧붙였다. 그 무렵 엄마는 집에서 감자를 길쭉하게 썰어서 직접 튀겨 냈는데 파는 것만큼 바삭하지는 않지만 폭신하고 말랑하고 고소한 맛이 있었다. 감자튀김을 하는 날에는 접시에 쌓일 틈도 없이 나랑 다혜, 오빠가 먹어치우기 바빴다. 음. 생각해보니 과자를 안 사도 될 만큼 감자튀김도 맛있었으므로 나와 다혜는 엄마의 말에 동의하고 음료수를 집으러 뛰어갔다. 감자튀김을 어떻게 싸준다는 건지 잠깐 궁금했지만 그 당시 운동 음료라기보다는 빛깔 고운 음료에 지나지 않았던 파워에이드를 집느라 금방 잊어버렸다.

다음 날 고소한 밥 냄새에 깨서 부엌에 나가보니 엄마가 도시락 통에 가지런히 김밥을 담고 있었다. 나는 세수도 하지 않고 식탁 의자에 앉아서 구석에 남은 햄과 계란을 집어 먹었다. 그리곤 가장 단단하게 싸진 김밥을 골라서 그 중에서도 터지지 않고 예쁘게 썰어진 것들만 도시락 통에 담는 엄마를 구경했다. 그 옆에는 이미 우리 가족이 아침으로 먹을 김밥도 다 말아져 있었다. 나는 김밥을 입에 하나 넣고 어젯밤 미리 수첩과 연필과 휴지를 챙겨놓은 가방을 들고 왔다. 비워놓은 공간에 도시락을 넣으니 딱 들어맞았다. 음료수도 얼른 넣고 싶었지만 냉장고에서 최대한 늦게 빼야 소풍에 가서도 차가운 음료수를 마실 수 있으니까 꾹 참았다.

적당히 배부를 때까지 접시에 쌓아놓은 김밥을 집어 먹다가 드디어 갈 시간이 되어 음료수를 넣으려는데 엄마가 나와 다혜 앞에 짜잔 하고 뭔가 내밀었다. 에이포 용지 반만 한 크기의 흰색 종이봉투였다. 아니 정확히 말하면 흰색 종이봉투로 포장된 엄마표 감자튀김이었다. 아침부터 튀긴 감자를 어디에 넣을지 고민하다가 생각해낸 것이 종이봉투였나 보다. 락앤락

보다는 패스트푸드점 기분을 내게 해주고 싶은 마음에 집에 있는 종이를 접고 붙여서 감자튀김을 담아 준 것이었다. 나와 다혜는 우와 하고 소리를 질렀다. 결혼하기 전 유치원 교사를 했던 엄마는 기분을 내고 싶을 때 왕년의 솜씨를 발휘해 아기자기한 것을 만들어 냈다. 글자 끝에 구름 같은 모양을 그려서 멋을 낸 편지나 대충 싸지 않은 도시락과 종이봉투에는 그런 엄마의 기분이 들어있었다. 그 기분을 전해 받아서인지, 우리도 소풍가는 기분이 배로 났다. 오늘 만큼은 어느 집의 누구보다도 그 기분을 가득 느낄 자신이 있었다. 나와 다혜는 막 웃으며 신나게 집을 나섰다. 든든한 가방 안에는 따끈한 감자튀김이 도시락 위에 살포시 얹혀있었다.

운동장에 가서는 다혜와 헤어져 우리 반 줄에 섰다. 선생님들이 아무리 앞사람 보고 똑바로 서라고 잔소리해도 친구들과 너는 밥 뭐 싸왔냐, 과자는 뭐 사왔냐 떠들다 보면 두 줄은 자꾸 세 줄이 되고 네 줄이 되었다. 늦게 온 친구들까지 겨우 다 모이고 버스를 탈 때까지 나는 아무에게도 감자튀김의 존재를 말하지 않았다. 아침에 엄마가 해줬던 것처럼 밥 먹을 때가 되면 나도 친구들 앞에 짠하고 내밀 생각이었다. 엄마가 직접 튀겨서 담아줬다고 자랑도 하면서 말이다. 버스 안에서 가방을 열 때도 지퍼 사이로 느껴지는 따뜻함과 고소한 냄새에 입꼬리를 씰룩거렸다.

초등학교 일 학년의 소풍은 뭐 거창할 게 없었다. 근처 평탄한 산을 오르다가 선생님들이 점찍어 놓은 널찍한 자리가 나왔을 때 싸온 도시락을 먹으면 되었다. 일 학년 전체가 다 같이 먹을 만한 자리가 마땅치 않았던 건지, 우리들의 걸음이 너무 종종거렸던 탓인지 생각보다 꽤 오래 올라간 끝에 점심시간이 주어졌다. 어울려 다니던 친구들이 흙바닥에 돗자리를 까는 동안 나는 담임선생님께 가서 초록매실 유리병을 수줍게 건넸다.

"엄마가 이거 선생님 드리래요."

그때는 담임선생님 음료수는 반장이 챙기는 거였다. 도시락까지 챙겨드리는 반장도 있었는데 다행히 담임선생님은 소풍 전날 나를 불러서 도시락을 챙겨올 필요가 없다고 말해주었다.

"아이고. 고마워~ 잘 마실게."

그 후로도 몇 번, 몇 년의 경험으로 초록매실은 선생님께 드리기에 거의 실패하는 법이 없는 안전한 음료로 인정받았다. 가장 좋아했던 사 학년 때 담임선생님께도 나는 초록매실을 건넸다.

어쨌든 첫 소풍에서 반장의 임무를 다한 나는 친구들이 모여 앉은 돗자리로 폴짝폴짝 뛰어갔다. 친구들은 이미 도시락을 다 꺼내 먹으려던 참이었다. 너 나 할 것 없이 도시락을 다 같이 나눠 먹기로 약속했기 때문에 얼른 싸온 것 좀 꺼내보라며 친구들이 나를 재촉했다.

나야말로 얼른 꺼내고 싶은 사람이었다. 자신감 넘치게 좌악 가방 지퍼를 열었는데 가방 안의 분위기가 아침과는 사뭇 달랐다. 아니 아까 버스에 탈 때까지만 해도 이렇지는 않았는데 가방에서 눅눅한 기운이 느껴졌다. 감자튀김이 담긴 종이봉투가 안에서 새어 나온 기름 때문에 군데군데 젖어 있었다. 산을 오르며 흔들린 탓인지 구겨지기까지 한 종이봉투는 힘없이 축 늘어져서 괜히 남루하고 꾀죄죄해 보였다.

순간적인 판단으로 감자튀김 봉투를 제끼고 아래에 있는 도시락만 꺼내 내려놓았다. 도시락 뚜껑을 열고 나무젓가락을 뜯어서 싸온 게 이뿐인 양 김밥을 먹었다. 먹는 내내 이제라도 감자튀김을 내놓을까 말까 고민에 휩싸였다. 혹시나 싫어 먹다 말고 가방에 손을 넣어 감자튀김을 만져 보기도 했다. 다 식은 감자튀김은 바삭함을 대체할 따스함까지 잃어버려서 당최 내세울 게 없어 보였다. 나와 다혜와 오빠가 접시에 쌓일 틈도 없이 먹어치우던 감자튀김과는 모양새도, 느낌도 달랐다. 직접 튀겼다는 사실이 장점이 아니라 단점이 되어버린 지 오래인 그것을 나는 친구들 앞에 꺼내놓을 수가 없었다. 아무도 먹지 않을까 봐서가 아니라 딱 하나씩만 먹을 것 같았기 때문이다.

기름에 쩔은 종이봉투를 더 구겨서 가방 안으로 밀어 넣었다. 도시락을 먹고 나서 슬슬 과자를 꺼내기 시작하는 친구들에게 난 이번에 과자를 안 가져왔다고 말했다. 과자를 나눠줄 친구들은 많았지만, 딱히 먹고 싶은 기분이 아니어서 이것저것 하나씩만 집어 먹었다. 그 와중에도 감자튀김은 이따 혼자 다 먹으면 된다는 생각뿐이었다.

소풍은 별거 없는 일정이었지만, 그 별거 없는 일정이 재밌는 이유는 내내 친구들과 함께이기 때문이다. 밥을 먹고 돗자리를 접고 무궁화 꽃이 피었습니다를 하며 놀고 우리가 늘어놓은 쓰레기와 산에 있는 쓰레기를 돌아다니며 줍기까지, 곁에는 친구들이 있었다. 가방 안에서 더 볼품없이 식어갈 감자튀김이 어떤 상황에서든 생각이 났다. 백 프로 진심을 다해 웃거나 뛰거나 줍거나 떠들기가 어려웠다.

버스에 탔다고 개인 시간이 보장될 리는 없었다. 옆에 바싹 붙어 앉은 짝꿍이 생기니 더 골치가 아팠다. 올 때 탔던 버스에서는 너무 재밌고 좋았던 친구가 왜이리 얄밉고 눈치 없어 보이는지…. 그렇다고 이제 와서 "이거 우리 엄마가 직접 만든 건데 먹을래?"라고 할 수는 없는 노릇이었다.

지금이라면 누가 먹든 말든 내가 맛있고 좋으면 됐지 하고 꺼내 먹겠지만 그러기에 여덟 살은 수줍은 것도 신경 쓸 것도 너무 많은 나이였다. 보이지 않는 정성이나 마음, 사랑 같은 것보다 보이는 영역이 중요한 나이, 설사 보이지 않는 것을 느낀다 해도 그것을 자랑할 줄 모르는 나이기도 했다. 가방을 무릎에 올려놓고 아무리 손을 꼼지락거려 봐도 친구들 몰래 감자튀김을 하나씩 꺼내 먹기는 무리였다.

소풍날 버스 창문만 애타게 쳐다본 건 정말 처음이었다. 내가 아는 학교 주변 건물이 보이기 시작하자 더 이상 고민만 할 수는 없었다. 학교 운동장에 내리면 곧바로 다혜를 만나 집에 갈 것이었다. 다혜에겐 비밀 없이 모든 걸 말하지만 감자튀김을 꺼내지도 않았다는 사실을 말할 수는 없을 것 같았다. 그 정도의 미안함과 창피함과 어쩔 줄 모르겠는 죄책감이 나를 둘러싸고 있었다. 문제의 감자튀김을 친구들이 다 내릴 때까지 기다렸다가 혼자 몇 초 만에 털어먹거나 아니면 버리는 수밖에 없었다. 아침부터 얼마나 감자를 자르고 튀긴 건지. 친구들과 나눠 먹으라고 그랬는지. 봉투 한 가득인 감자튀김을 손에 꼭 쥐고 있던 나는 내리라는 말이 들리자마자 버스 창가와 의자 사이에 그것을 밀어 넣고 후다닥 내려 버렸다. 이따 먹으려고 종이봉투 입구를 꼭꼭 싸놓은 그대로였다.

이 날로 다시 돌아갈 수 있다면 꼭 친구들 앞에서 당당하게 감자튀김을 꺼내 놓을 거라고, 돌아오는 버스 안에서 혼자라도 먹었을 거라고, 아니 집에 가지고 돌아오는 한이 있어도 절대 버리지는 않을 거라고 나를 바라보고 있는 사람들에게 말했다. 말하면서도 어찌나 엄마한테 미안하고 그때의 내가 후회스럽던지, 뚝뚝 눈물이 떨어졌다. 버스 사이에 끼워놓은 감자튀김을 생각하면 아직도 마음이 저릿하다고 세상만사 슬픈 얼굴로 말하고 훌쩍이고 있는데 바로 옆에 앉은 단 언니가 황당하다는 표정을 짓더니 한 마디 던졌다.

"아니, 이게 가장 되돌리고 싶은 일이야? 도대체 얼마나 착하게 살았으면 엄마한테 이게 제일 미안한 일인 거야?"

물론 나도 되돌리고 싶은 일이야 많다. 뻔하더라도 학창시절로 돌아가 더 열심히 공부하고 싶고, 그게 어렵다면 전 과목을 아주 착실히 공부하는 초등학생 이다은에게 국 영 수만 겁나게 파라고 얘기해주고도 싶다. 생각하면 끝이 없다. 생각을 깊게 하기도 전에 가장 먼저 떠오른 것이 그날의 일일 뿐이다. 엄마에게 가진 죄책감은 그 누구에게 가진 죄책감보다도 이상하게 깊고 치명적이다.

며칠 전에도 엄마에게 전화가 와서 대화를 나누는데 엄마가 여러 걱정과 잔소리와 신념을 일장 연설했다. 엄마의 말에 완전히 동의하지는 않지만 하나하나 반박하기 시작하면 말도 길어지고 투덕거리겠다 싶어서 가만 듣다가, 나중에는 거의 대답도 잘 안했다. 엄마는 말하다 말고 애가 안 듣는다 싶었는지 "다은아! 다은아! 너 듣고 있어?" 하고 소리치는데 순간 답답함과 짜증이 밀려와서 "아 알겠다고." 하고 무뚝뚝하게 대답해 버렸다. 평소 듣지 못하던 투의 대답이라 엄마도 조금 멋쩍어졌는지 점심 잘 챙겨 먹으라며, 맛있는 거 사먹게 돈 좀 보내줄까? 하더니 전화를 끊었다.

전화를 끊자마자 눈물이 핑 도는 걸 참았다. 아빠는 바쁘고, 설상가상으로 집에 티비까지 없어서 엄마가 심심하게 지낼

것도 아는데. 장 보러 갈 때도 약 사러 갈 때도 엄마 혼자 다녀야 하는 걸 늘 미안하게 생각하면서 왜 그랬을까? 더 자주 전화를 걸어도 모자랄 판에 무뚝뚝하게 구는 내가 참 별로였다.

익숙한 죄책감이 들어 그 날은 카페에서 설거지를 하다가도, 음료를 만들다가도 울컥 눈물이 올라왔다. 나중에 다혜나 정에게 엄마와 했던 통화 얘기를 할 때도 마찬가지였다. 아니 그냥 엄마라는 말만 해도 눈물이 났다. 정은 이렇게 미안해할 거면 엄마에게 전화를 하거나 오랜만에 뵈러 가는 건 어떤지 물었지만, 난 "다음에."라고 말하며 고개를 저었다.

다음으로 미루다 결국은 엄마가 먼저 오고 마는 비슷한 패턴이 또 반복될 것이다. 엄마의 이야기를 자꾸 쓰면서도 죄책감은 사라지긴커녕 더 쌓여만 간다. 감자튀김을 떠올리며 10년이 넘도록 미안해하는 게 과연 내가 착해서일까? 엄마에게 잘못한 게 없어서일까? 되돌리고 싶은 순간을 묻는 질문에 소풍날의 감자튀김이 가장 먼저 떠오른 이유는 그게 내가 가진 가장 착한 죄책감이기 때문일지도 모른다.

좋아하는 중

좋아하는 중인 사람을 쓰고 싶지만 오늘도 꾹 참는다. 누군가를 좋아할 때의 내 마음만큼 불확실하고 불안정한 게 또 없기 때문이다. 마치 답지가 뜯겨진 수학문제집을 푸는 느낌과도 같다. 열심히 하고 있으면서도 뭔가 불안한 것이다. 애매하거나 못 보던 숫자가 풀이과정 중에 등장하면 내가 하고 있는 게 맞나? 실수를 했나? 불안해지지 않던가. 그럴 땐 답지를 가지고 있는 사람이 옆에서 맞게 하고 있는지 만이라도 알려주면 좋겠다.

답이 틀리든 맞든 끝까지 부딪혀본 사람은 불안한 과정을 비교적 잘 견디는 듯하다. 알 수 없는 일을 지나치다 보면 기다리던 답이 나오기도 한다는 사실을 체험으로 아는 것이다. 그러나 문제를 제대로 풀어본 적 없이 그만둔 사람은 때마다 익숙한 불안함을 맞닥뜨리게 된다. 그 익숙한 불안함이 나에겐 연애 때마다 찾아온다. 어디서 많이 느껴본 감정인데..? 싶은 순간이다.

 지금까지 했던 연애의 끝은 모두 내가 맺었다. 내가 먼저 좋아한 사람 한 명을 제외하고는 전부 나를 좋아한다고 말했던 사람들이었다. 특히 좋아한 기간이 길다며 고백해오는 사람들에게 마음이 잘 열렸다. 문제는 분명 좋아하는 줄 알았던 사람을 좋아하지 않는 것 같을 때가 꼭 찾아온다는 것이다. 그때부턴 내 마음이 왜 이렇게 빨리 식었을까 고민이 시작된다. 처음엔 당연히 나를 이렇게 만든 상대를 탓했다. 그런데 언젠가부터는 확실히 좋아하지도 않으면서 만난 나 자신을 탓하게 됐다. 내가 얘랑 왜 만났지? 왜 이번에도 깊게 생각해보지 않고 사귀었지? 하는 자책이 찾아왔다. 누구를 탓하든 좋아하지 않는 게 확실해져가는 사람을 계속 만날 수는 없었다. 뭔가를 해볼 새 없는 짧은 연애가 힘없이 끊어졌다.

나마저 나를 탓할 때도 끝까지 나를 탓하지 않는 사람이 곁에 있다는 건 참 감사한 일이다. 또 한 번 헤어지고 돌아온 나에게 친구들은 말했다.

"잘했어. 앞으로 또 머리 싸매고 고민만 하지 말고. 더 쉽게 사귀고 쉽게 헤어져."

그렇게 말하는 친구들은 누구보다도 사람과 사랑에 진지한 어른이었다. 상처를 주든 말든 막 나가라. 좋으면 사귀고 싫으면 말아라. 란 뜻으로 말할 사람도 아니었고, 그런 말이 내게 위로가 될 리도 없었다. 친구들 눈에는 내가 얼마나 위축되어 있는지가 보였던 것 같다. 그들의 쉬운 충고가 책임과 사랑을 어쭙잖게 결부하려던 나를 막아섰다. 그때의 내가 정답이라 여겼던 것을 적고 끝냈다면, 누군가를 좋아하는 일이 내겐 평생 어려웠을 것이다.

방금까지도 같이 있던 사람을 까맣게 잊고 다른 글감에 집중하기란 쉽지 않다. 그래서 나는 좋아하는 중인 사람을 떠올리며 이런 글을 쓰고 말았다. 그래도 얘는 내가 1년째 좋아하는 중이니 이 정도는 써도 될 것 같다. 이번엔 뭔가 안정적이고 확실한 연애를 하는 중이냐 하면 그건 절대 아니다. 불안한 횟수가 역대 최다를 찍었다. 내 인생을 통틀어 제일 길게 만나는 중이기 때문이다.

 나는 참다 참다 조금 정확해지고 싶은 날엔 슬그머니 다혜에게 묻는다. "이렇게 좋아하는 거 맞아?", "이 정도면 서운해도 돼?", "봐봐. 이 정도면 나한테 잘해주는 거야?", "이 만큼 사귀면 원래 이런 마음이 들어?", "원래 카톡 내용이 점점 재미없어지는 거야?", "나만 이런 거야?", "다들 이런 거야?"

 쓰고 보니 그렇게 많이 참은 것 같지는 않다. 다혜도 답지를 가진 사람은 아닌지라 자신의 경험을 얘기해줄 뿐이다. 그런 면에서 우리는 각기 다른 과목을 공부하는 스터디 모임 같다. 서로의 경험을 열심히 나누고 응용한다는 면에서. 또 비슷한 자세를 하고 끙끙대는 모습이 그냥 위로가 된다는 점에서.

 각자 좋아하는 사람들과 저녁을 먹기로 했으니 다혜와는 밤이 되어서야 만날 것이다. 오늘도 잠이 들 때까지 내가 좋아하는 애에 관해 말할 예정이다. 무슨 말이 웃겼고 무슨 말에서 발끈했는지, 나는 어떻게 반응했는지. 우리는 좋아하는 사람 때문에 아주 작은 것에도 속상해하지만, 또 아주 작은 것 때문에 웃으면서 잠이 든다. 우리의 과정이 맞는지 눈치를 보고 싶어도 역시나 답지를 가진 사람이 없다. 어차피 나도 찾지 않는다.

아마 와 아마

예전에 썼던 다이어리를 구경하다가 한 부분에서 잠시 멈췄다. 노래 가사를 적어놓은 페이지였다. 이런 가사다.

손끝에 상처가 하나씩 늘어가
주름을 짓던 그대 얼굴 생각해
나보다 아프게 상처를 감싸던
그때의 마음은 기억나지 않지만

작은 순간에도 그대가 있다면

고통도 허전도 몰랐을 거라고
한밤의 고요도 한낮의 들뜸도
어느 것 하나 밉지도 않고

밥을 거를 때 잠을 못 잘 때
가만히 걷다 눈물이 흐를 때에도
네 어깨에 기대어
모든 걸 묻고 또 웃었을 텐데

 이 가사를 읽는 사람 중에 무슨 노래인지 아는 사람이 있을까? 흥얼흥얼 따라 불렀다던가? 아무도 없다에 내 동생의 아이패드를 건다. 혹시 가사가 마음에 들어 책을 잠시 덮어두고 검색해보려 한 사람은? 그런 사람이 한 명이라도 있다면 나는 당장 치킨을 시켜먹어야 한다. 자축이 시급하다. 왜냐하면 이 가사를 쓴 사람이 바로 나기 때문이다. 하하하.

 잘 쓴 가사는 아닐 수도 있다. 오랜만에 다시 읽어보니 고통, 허전, 한밤, 고요, 한낮, 들뜸 등. 큼직큼직한 단어가 연거푸 나와 부담스러운 느낌도 든다. 또 부를 때의 발음을 하나도 고려하지 않았다. 그래도 한마디 하자면 멜로디와 박자에 맞춰 가사를 넣으면 느낌이 꽤 달라진다. 그냥 읽는 것보다 최소 10배는 낫다. 할 수만 있다면 내가 맞춰서 썼던 노래를 글을 읽는 당신에게도 들려주고 싶다. 불안하면서도 쓸쓸한 분위기의 곡이었다.

이 노래의 작곡가이자, 내게 작사를 부탁한 유민주는 음악을 전공한 교대생이다. 나보다 한 살이 어리다. 우리는 〈바다 유목펜, 제철글쓰기 워크샵〉에서 만났다. 청주에서 활동하는 예술가인 추연신 작가님께 제안을 받아 합동으로 진행한 워크샵이었다. 추 작가님이 바닷가에서 주운 나무로 펜을 만드는 법을 알려주면 나는 그 펜을 활용해 글 쓰는 것을 돕는 역할을 맡았다.

워크샵에 딱 두 개의 공석이 생겨서 내 인스타그램에 공지를 올리고 선착순 신청을 받았다. 그때 선착순 1, 2 등을 차지했던 사람이 유정화와 유민주였다. 내 인스타그램 팔로워라는 것 빼고는 전혀 모르는 사이였는데 알고 보니 민주는 이 두 시간짜리 워크샵을 들으러 대구에서 버스를 타고 왔다고 했다. 끝나면 하룻밤을 청주에서 자고 대구로 간다길래 "내가 뭐라고, 이 워크샵이 뭐라고...!"를 계속 외쳤던 기억이 난다.

워크샵이 끝나고 유정화와 유민주, 그리고 나는 앉아서 몇 시간을 떠들었다. 처음엔 팬미팅 같았다. 정화와 민주가 번갈아가며 나에게 칭찬과 감탄을 쏟아냈기 때문이다. 인스타그램에 올리는 글을 읽고 반응해주는 것에 내가 고마워해야 할 판인데, 둘은 내게 고마워했다. 또래에게 이런 대접을 받기도 민망스러워서 나는 서둘러 말을 놓자고 했다. 정화야 민주야 하고 이름도 막 불렀다. 우리는 금세 친구가 되어 여러 얘기를 주고받았다. 요즘 뭐하고 사는지를 얘기하다가 자연스레 앞으로 하고 싶은 일을 얘기하기도 했다.

그 당시 나는 작사를 하고 싶은 열정이 넘칠 때였다. 〈김이나의 작사법〉이라는 책도 사서 읽고, 팝송에 한글 가사를 붙여보기도 했다. 솔직히 작사라는 일이 너무 멀게 느껴지는 건 사실이었다. 그래서 누군가에게 말할 땐 조심스러웠다. 꿈이 너무 비현실적으로 느껴질까 봐 자꾸 내가 먼저 현실적인 척을 해버렸다.

"난 꼭 작사를 해보고 싶어. 당장은 아니어도 언젠가… 아, 물론 노래도 많이 듣고 공부를 많이 해야겠지. 작사가 좀 어려운 일도 아니고. 그치?"

나는 작사를 하고 싶지만, 이렇게 말해놓고도 못할까 봐 두

렵고, 말을 계속해야 내가 진짜 하게 될 것 같기도 하지만, 그렇다고 내가 작사를 껌으로 보는 건 절대 아니라는 말을 구구절절 덧붙였다. 그런데 그 말을 듣고 있던 유민주가 이런 말을 하는 게 아닌가?

"어! 언니. 제가 평소에 피아노 치면서 작곡을 좀 하는데, 제가 작곡해서 하나 보낼게요! 언니가 가사 써주실래요? 그럼 나도 얼른 작곡하고 싶을 것 같아요. 너무 좋겠다."

그렇게 번호를 교환하고 헤어진 지 이 주도 채 지나지 않은 어느 날, 유민주는 카카오톡으로 음성 파일을 보냈다. 잔잔한 피아노 반주에 민주의 목소리로 부른 노래가 녹음되어 있었다. 대충 흥얼거린 가사는 가이드로 부른 것이니, 언니 마음대로 가사를 붙여주세요 라는 메시지도 함께.

내 생각보다 훨씬 좋은 멜로디에 놀라버린 나는 얼른 작사를 시작했다. 먼저 다이어리에 가사 음절수를 세서 빈칸을 만들어 놓고, 유민주의 대화창을 카톡 제일 위에 고정한 채 걸을 때도 버스를 탈 때도 노래를 들었다. 그렇게 위에 적어놓은 가사를 썼다. 그때 쓴 가사엔 누군가를 향한 원망이 깔려있다. 거창하지도 않은, 아주 소박한 원망이다. 어쩌면 내가 힘들다고 느끼는 이 모든 일이 단 한 명에게 말하는 순간 아무것도 아닐지도 모른다는 생각을 자주 했던 날들이기 때문이었다.

그런데 나는 가사를 완성시키지 못했다. 나도 기대보다 더 좋은 결과물을 주고 싶은 마음에 반 정도 쓴 가사에서 더 나아가질 못했다. 작정하고 고민하는 시간이 필요했는데, 일주일에 아르바이트를 세 개씩 하다 보니 몸도 마음도 점점 지쳐갔다. 가사를 써놨던 다이어리 페이지가 하루하루 뒤로 넘어갔다. 정해진 기한은 처음부터 없었지만 암묵적으로, 혹은 인간적으로 줬어야 할 기한이 지나자 이제 와서 보내기가 미안해 더 보낼 수가 없었다. 언젠가 완성해서 보내줘야지. 매일 다짐만 하며 마음 무겁게 지냈다. 그러던 어느 날 휴대폰을 바꿨다. 떨어트려서 액정이 산산조각 나는 바람에 급하게 새 휴대폰을 산 것이었다. 카카오톡은 커녕 앨범이나 주소록을 백업할 시간조차 없었다. 며칠이 지나서야 민주의 대화창이 사라졌다는 걸 깨달았다. 그건 더 이상 음성파일을 들을 수 없다는 뜻이고, 늦게라도 가사를 써보내겠다는 게으른 결심이 물거품이 됐다는 뜻이기도 했다. 걷다가 멈춰 혼자 탄식을 뱉었다. "이다은 바보⋯."

계절이 세 번 바뀌고 유민주에게 먼저 연락이 왔다. 지금까지 작곡한 자기의 음악들로 청음회를 연다는 소식을 전해주었다. 내가 작사를 하고 싶다고 말한 것처럼, 작곡을 하고 싶다고 꿈같이 말하던 민주였는데. 어느새 청음회를 열 정도로 여러 곡을 만들어냈다는 사실이 놀라웠다. 그 와중에도 작사는 어떻게 됐느냐 묻는 말은 전혀 없었다. 나는 가사를 보내지 못해 미안하다고 얘기하려다가 그만두었다. 구구절절 써놓은 카톡이 죄다 변명처럼 느껴졌기 때문이다. 물론 변명이었다. 좋은 소식을 전하는 민주의 카톡 사이에 내 변명이 낄 생각을 하니 창피했다. 나도 희망 찬 말을 건네주고 싶었다. 그래서 '비록 가지는 못하지만 도전이 된다, 곧 시간 낼 수 있으니 날 잡고 만나 청음회 얘기를 하자'고 답장을 보냈다. 민주는 내게 이야기하길 정말 잘한 것 같다고 했다. 언니의 두 번째 책도 기대하며 기다리고 있다고 덧붙였다. 내가 그 애에게 뭘 해주었는지도, 두 번째 책이 언제 나올지도 모르는 것 투성이었지만 하트 가득한 답장을 보냈다. 민주의 자신감 넘치는 말들이 내 불확실함으로 덮이지 않기를 바랐다.

 민주가 청음회를 한 지 1년하고 5개월 정도가 지났다. 나는 이제야 두 번째 책을 낸다. 첫 번째 책을 출간하고 거의 3년 만이다. 그사이 제일 하고 싶은 일은 언제나 글쓰기였다. 그 외에 작사, 유튜브, 독립출판 등이 하고 싶은 일로 여러 번 거론되었다가 조용히 들어갔다.

　민주도 나도 어느 분야에서는 프로일 것이다. 꼭 잘하고 싶은 일에서 프로가 아니어도 각자의 인생에서 많은 시간과 노력이 쌓인 일이 있을 테니 말이다. 글쓰기의 프로가 되면 좋겠지만 적어도 나는 카페에서 프로가 된다. 혼자 일하기, 음료 만들기, 마감 청소하기 등을 여러 기술을 가지고 해낼 수 있다. 학생들 여럿과 찍은 프로필 사진으로 유추하자면, 민주는 학생을 가르치기 위한 유용한 정보와 지식, 태도를 갖춘 프로일지도 모른다.

　그러나 우리는 꽤 자주 프로의 자리를 벗어난다. 규칙적으로 시간을 투자하는 일과는 별개로 하고 싶은 일이 우리 안에는 있기 때문이다. 기꺼이 아마추어가 된다. 잘 못하는 걸 알면서도 글을 쓰고, 작사를 하고, 작곡을 하는 것이다. 그러다 나처럼 어쩌다 민주 같은 친구를 만날 수도 있다. 혈기만 왕성한 찌리 아마추어가 어떤 유혹과 위기에서도 살아남은 상급 아마추어를 만나는 건 정말 쉽지 않은 일이다. 이 또한 꽤 오래 버텨온 글쓰기 아마추어 이다은이 아니었다면 성사되지 않았을 만남이다.

아마와 아마의 만남은 프로와 프로의 만남만큼이나 영감과 위로와 도전을 준다. 어떤 면에선 아마들의 만남이 더 끈끈하고 눈물겨운 듯하다.

어느 날 뜬금없이 민주에게 카톡을 보냈다. 보내준 노래를 날려버려서 가사 작업을 더 진행할 순 없었지만 써놓은 가사만이라도 종이에 옮겨 적어 보낸 것이었다. 부끄러운 카톡이었다. 이 대단한 유민주는 내가 가사를 보낸 지 2시간도 채 되지 않아 음성파일을 하나 보내왔다. 가사가 너무 좋아서 묵혀놨던 곡을 꺼내 다시 입혀보는 중이랬다. 처음에 받은 곡과는 완전히 다른 노래였는데 멜로디에 가사가 찰떡같이 붙어 있었다.

노래를 마저 완성해서 보내겠다던 그녀는 아직 무소식이다. 그게 1년 전이니 우리 1:1이라고 생각해도 되는 걸까? 아니, 유민주와 나는 아마 vs 아마 같은 대결구도가 아니니 이 말은 취소하겠다.

나는 여전히 작사가 하고 싶다. 유민주가 여전히, 혹은 요즘 들어 하고 싶은 일이 무엇일지 궁금하다. 또다시 아마와 아마로 만날 때가 된 것이다.

꼬마 대표님

 새벽 두 시 반이 다 된 시간. 나는 이불 위에 앉은뱅이책상을 펼치고 앉아 노트북으로 글을 쓰고 있다. 곳곳의 불을 다 켜놓아서 집이 아주 환하다. 이토록 야심한 시간이 되었는데도 방구석에 홀로 앉아 스탠드를 켠 채로 글을 쓰지 않아도 된다는 말이다. 그것도 결코 야행성이라고는 말할 수 없는 두 명의 인간이 사는 집에서! 자려는 기색 하나 없이 나처럼 사부작거리고 있는 애가 저 방구석에 또 한 명 앉아있기 때문이다. 다혜는 벽을 바라보는 컴퓨터 책상에 앉아 고개를 콕 처박고 아이패드에 그림을 그리고 있다. 우리는 각기 다른 벽을 가까이 두고 있지만 두 발짝도 채 떨어져 있지 않은 거리에 있다. 하긴 우리 집은 어디에 있든 두 발짝이면 닿는다.

나야 얼른 편집자에게 보여주려는 마음으로 밤을 지새우며 글을 쓰고 있지만 쟤는 급한 것도 없으면서 그냥 안 자고 있다. 늘상 있는 일이다. 내 옆에 앉아 책을 읽거나 뜨개질을 하기도 한다. 그런 시간이 며칠 쌓이면 에어팟 가방과 북커버 같은 뜨개작품들이 하나둘 생긴다. 자기가 일찍 잠자리에 들면 그 두 발짝 옆에서 혼자 무언가를 해야 할 내가 힘이 빠질까 봐 그러는 것이다. 함께 밤을 새는 날이 확실히 혼자 할 때보다 능률이 좋다. 밤 열 시에 퇴근하고 씻자마자 노트북을 붙잡고 있는 건 내게 있어 보통의 결단력으로 되는 일이 아니기 때문이다. 힐끔 바라본 다혜의 오른쪽 어깨가 들썩들썩 거린다. 뭔가를 바쁘게 문지르고 있다. 스케치한 게 마음에 들지 않아 지우는 중일까? 지금쯤이면 물감을 칠하고 있을 수도 있겠다.

요새 다혜는 아이패드를 활용하는 재미에 푹 빠져있다. 아이패드 가지고 싶다고 노래를 부르길래 얼마냐고 슬쩍 물어보고는 깜짝 놀랐다. 워낙 금쪽같은 사과제품이라지만 그중에서도 전문가용으로 나온 아이패드는 가격이 후덜덜했다. 하소연으로만 지나갈 바람은 아니었는지 이곳저곳에서 가격비교를 해보던 다혜가 중고마켓에까지 알림 설정을 해놓았다. 누군가 '아이패드'라는 글자가 들어가게 게시글을 올리면 바로 알림이 오게끔 하는 기능이다. 중고마켓에서는 그 무엇보다 스피드가 중요하기 때문이다. 낚싯대를 던져놓고는 낚시 중인 것을 잊는 사람이 프로 낚시꾼이라 했던가. 다혜는 프로 중고 낚시꾼이 되어 며칠을 기다렸다. 그러던 어느 날 알림이 울렸다. '아이패드'가 뜬 것이다! 몇 개월 사용하지 않은 중고품이 올라왔는데 딱 애가 원하던 모델이었다. 새것을 살 때보다 몇 십만 원은 아낄 수 있으니 적당히 사용감이 있어도 살판인데 이건 거의 새거나 다름없었다.

기회를 놓치지 않기 위해 다혜는 누구보다 빠르게 움직였다. 판매자에게 메시지를 보내 궁금증을 해결한 뒤 바로 다음 날 직거래를 했다. 백만 원이 넘는 돈이 몇 번의 터치로 남의 통장에 예쁘게 안착되는 걸 지켜보는데 내 힘이 쭉 빠졌다. 다혜가 인쇄 디자인으로 개인사업자를 내고 나서부터 조금씩 들어오는 일을 부지런히 해내고 모은 돈이었다. 생활비는 주로 내 월급에서 나가기 때문에 소소한 지출을 제외하고는 차곡차곡 모으기만 했었다. 물론 중고아이패드를 구매하고 나서도 얼마가 남긴 했지만 허탈할 정도의 큰 비율이 사라진 건 틀림없는 사실이었다. 나는 다혜가 이렇게 화끈하게 돈을 쓰는 건 처음 봐서 놀랐다. 돈을 보태줄까 물어봐도 마다했다. 아이패드 지분을 조금이라도 얻고 싶어서 아이펜슬만 겨우 내가 선물해주었다.

아이패드를 얻은 다혜는 자기가 디자인하는 현수막이나 배너, 스티커나 메뉴판에 직접 글씨를 쓰고 그림을 그려 넣을 수 있게 됐다. 이젠 한정적인 폰트와 일러스트 안에서 어떻게든 더 예쁘게 만들기 위해 끙끙대지 않아도 된다. 도구를 빨리 샀으면 되는 거 아니냐고 말한다면, 그건 또 아니다. 도구가 있어봤자 다혜가 캘리그라피를 할 줄 몰랐기 때문이다. 어느 날인가 서점에서 캘리그래피 책을 한 권 사오더니 시간만 나면 고개를 박고 글씨 연습을 했다. 처음엔 서예를 처음해본 아이가 멋만 잔뜩 부린 것처럼 글씨를 쓰더니 어느 날부터는 제법 붓을 마음대로 굴리며 모양을 냈다. 이제는 얘가 쓴 글씨를 보면 안 하려고 해도 감탄사가 나온다. 정갈한 글씨는 몰라도 날리는 글씨 하나는 어렸을 때부터 내가 더 잘 썼는데 완전히 역전당해버렸다. 꾸준히 조금씩 뒤집어지는 형세를 매일 눈으로 보고 있던 터라 억울한 패배라 할 수는 없다. 혼자 글씨연습을 시작한 것도 아이패드를 사고 싶다는 말을 꺼낼 즈음이었다. 요즘은 유튜브를 보면서 그림에 명암 표현하는 법을 배운다. 다혜의 저런 모습을 사극드라마에서 본 것도 같다. 전쟁터에 나가겠다는 선포를 듣고 우려하는 부모에게 조용히 갈고 닦아온 검술을 보여주는 아들의 비장함이 느껴질 때가 있는 것이다. 그런 모습을 힐끗힐끗 모두 지켜본 내가 그 애에게 어떤 걱정과 만류를 얹을 수 있을까. 나는 그저 고개를 끄덕이거나 박수를 치거나 할 뿐이다.

내가 스물여섯 살이니 어느새 애도 스물여섯 살이다. 우리는 둘 다 스물여섯 살 치고 이룬 게 없다는 생각에 초조해 한다. 그래도 나에겐 정해진 시간에 일을 나가는 일터와 계약서를 쓰고 진행 중인 책이 있다. 똑같이 이룬 게 없다고 말하면서도 그 '있음'이 나를 얼마나 거만하고 안심하게 만드는지 나는 알고 있다. 다혜는 사업자를 낸 사장님이지만 디자인을 하는 날보다 하지 않는 날이 더 많은 한 달을 보낼 때도 있다. 아직 샘플이 많지 않아서 하나하나의 결과물을 내기까지 시간도 많이 투자해야 한다. 서너 번의 수정요청을 다 들어주는 걸 옆에서 보다 보면 그 애에게서 나간 것에 비해 들어온 것이 약소해 보일 때도 많다. 하루에 몇 시간씩 고개를 콕 처박고 마우스를 딸깍이며 벌어들인 돈이 생각보다 적을 땐 우린 마주 보고 더 요란스레 좋아한다. "아싸~ 다혜가 돈을 벌었다~"하고 내가 외치면 얘는 웃을 때도 있고 놀리지 말라며 때릴 때도 있다.

스물네 살, 대학교를 졸업하고부터니까 우리 둘의 생활비를 거의 나 혼자 벌어온 지가 약 3년째다. 해마다 많은 변화가 있었다. 다혜가 직업학교를 다니는 동안엔 혼자 아르바이트를 세 개씩 하기도 했고, 직업학교가 끝날 때쯤엔 아르바이트를 모두 관두고 한 가게에 직원으로 들어갔다. 다혜가 디자인을 배우고 사업을 하기로 마음먹고 사업을 시작해 돈을 벌기까지는 순전히 내 월급으로 둘이 먹고살았다. 솔직하게 말해 몸이 힘든 날에는 혼자 돈을 버는 역할을 떠안은 것이 원망스러웠다. 그렇지만 한 번도 다혜에게 뭐라도 해보라는 말을 꺼낸 적 없다. 걔는 정말 단 한 번도 그냥저냥 논 적이 없기 때문이다. 끊임없이 연습하고 노력했다. 뭐든 항상 붙잡고 있었다. 집안일도 했다. 우리 집이 눕고 쉴 공간으로 유지될 수 있는 건 다 얘 덕분이었다.

조용하고 잔잔하지만 꾸준히 이어가고 있는 이 얘의 수입이 그래서 내게 너무나 크게 느껴진다. 생활에 보탬이 된다는 사실도 그렇지만 그 애 안에서 긍지가 조금씩 자라나는 것이 보여 기쁘다. 나였으면 불안하고 초조하고 비참하고 자존심이 상해서 당장 할 수 있는 일을 찾아 진작 뛰쳐나갔을지도 모른다. 나는 내 안의 감정을 요란하게 티내는 사람이라서 조용히 불안하였을 애의 마음을 잘 짐작할 수가 없다. 대충 우리 둘의 형편을 알고 있는 주변 사람들도 애의 마음 형편에 관해서는 손톱만큼도 알 수 없을 것이다.

  오늘의 마음은 어땠을까. 고개를 푹 숙였을 때 보이는 정수리나 처진 어깨를 내가 얼마나 자주 훔쳐보는지 너는 알까. 이 새벽에 부지런히 팔을 움직이는 뒷모습을 보다가 웃음이 나왔다. 최근 휴대폰에 다혜를 '꼬마 대표'라고 저장한 게 생각났기 때문이다. 몇 번을 곱씹어도 마음에 쏙 드는 애칭이다. 일이 없어도 해야 할 일은 매일매일 새롭게 차있는 꼬마 대표에게 나는 언제나 감탄사를 뱉을 준비가 되어있다.

조용히 밝은

　카페 단골손님 중에는 청각 장애를 가진 가족이 있다. 아빠와 엄마, 고등학생 아들 한 명이다. 매번 한 명씩 카페에 와서 가족인 줄 모르다가 아들과 엄마가 아빠 이름이 적힌 쿠폰을 내미는 바람에 알게 되었다. 나는 그들이 오면 안녕하세요~를 외치며 간만에 고개도 같이 꾸벅인다. 코로나 이후로 마스크를 쓰고 일하다 보니 고개를 꼿꼿이 세우고 있으면 인사한 줄도 모를 것 같아서다. 그들은 미리 메모장에 메뉴 이름을 써놨다가 보여주는데, 보통 아메리카노 아니면 레몬에이드다. 요즘은 손짓만으로도 아메리카노인지 레몬에이드인지, 기본 사이즈인지 사이즈 업을 하는지 물어보고 답할 수 있게 됐다.

한두 잔만 주문한 손님들은 서서 기다리다가 바로 음료를 받아갈 때가 많다. 그래서 굳이 진동벨을 주지 않기도 하는데 이 손님들에게는 1분에서 2분 만에 만들어 줄 수 있어도 꼭 진동벨을 준다. 그들은 앉아서 기다리는 동안 나를 쳐다보지 않는다. 누군가와 화상통화를 하거나 밖을 내다보고 있다. 꼭 쥔 손에 진동이 느껴지면 벌떡 일어나 음료를 가지러 온다. 누군가에게 시끄럽게 느껴지는 진동벨이 어떤 이에게는 쓸모를 다한다.

이 단골손님들이 들어오면 내심 반갑다. 수화는 못 하지만 재빠르고 명확하게 눈짓과 손짓을 주고받을 준비를 한다. 마스크를 쓰기 전에는 입모양을 정확히 하는 게 도움이 됐는데, 요즘은 할 말이 길어지면 빠르게 메모를 해서 보여준다. '주문이 밀려서 오래 기다리셔야 돼요ㅠㅠ' 그들은 웃으며 고개를 끄덕이고는 자리에 앉는다. 그들과 편하게 의사소통을 한 날은 괜히 기분이 좋다.

나는 장애를 가진 사람을 편안하게 대할 줄 모른다. 배려심과 동정심을 잘못 사용할까 봐 겁이 나서 이것도 저것도 못할 때가 많다. 그런데 청각 장애인은 조금 편안하게 대할 수 있다. 내 친구 부모님이 청각 장애인이기 때문이다. 두 분 모두 청각장애인이지만 내 친구는 나와 똑같다. 아니, 내가 사람 말을 못 알아들으니까 나보다 귀가 밝을 확률이 높다. 걔와 친하게 지내면서 부모님을 자주 뵀는데 입모양을 잘 읽으시고, 어느 정도 발음하실 수 있어서 수화를 하지 않고도 우리는 밥을 먹고 얘기하며 웃었다. 걔네 가족이랑 있다 보면 나도 모르게 자꾸 관찰을 하고 있었다. 처음엔 어떻게 의사소통을 하는지 궁금해서 지켜보다가 나중에는 이 가족에게서 느껴지는 밝음을 구경하느라 그랬다. 왜 밝을까? 하는 생각은 언젠가부터 하지 않았다. 마치 햇빛을 쬐는 것처럼 그 밝음을 바라보고 있었다.

학창 시절 '내가 장애인이라면 어떨까?' 생각해볼 기회가 몇 번 있었다. 안대를 쓰거나 귀마개를 하고 느낀 점을 적기도 했다. 장애 체험은 오히려 잘 보이고 잘 들리는 내 모습을 뚜렷하게 해줄 뿐이었다. 내 삶에서 장애는 점점 더 비현실적이어졌다.

그런데 걔가 내 친구인 덕분에, 나는 '장애인의 가족은 어떨까?'를 처음으로 고민해보았다. 학부모 상담 때, 체육대회나

학예회 때, 친구들에게 가족을 소개할 때 어떨지를 상상해 본 것이다. 그건 이상하게 너무 현실적이어서 어려운 상상이었다. 내 귀가 안 들리고 내 눈이 안 보이는 걸 상상하는 것보다도 힘들었다. 그 상황들에 나를 대입해보다가 다시 내 친구를 대입해봤는데 걔의 마음이나 표정을 쉽게 헤아릴 수가 없었다. 걔는 많은 면에서 정말 밝고 부드럽고 넓고 긍정적이기 때문이다. 장애인 가족이면 무조건 슬프고 힘들 것인데, 그 예상 밖을 예상해야 돼서 힘든 게 아니었다. 나라면 무척 어렵고 힘들었을 것 같아서. 그런 내 마음이 너무 확실해서 걔의 어떤 마음도 나는 그려 볼 수 없었다.

요즘은 오지 않지만, 1년 전 쯤 카페에 청각장애인 손님이 단체로 자주 왔었다. 하루는 여덟 명도 넘는 친구들이 다 같이 들어왔다. 여섯 명 단체석에 여기저기서 의자를 끌어다가 앉아야 했다. 주문한 음료를 가져다주는데 테이블 가운데에 케이크가 꺼내져 있었다. 무리 중 한 명의 생일이었던 것 같다. 외부 음식을 먹으면 안 되지만 카페 안에 그들만 있어서 상관없을 듯했다. 마감이 삼십 분 정도밖에 남지 않은 늦은 시간이었기 때문이다. 그들은 생일 축하노래는 부르지 않고, 조용히 케이크 촛불을 켰다. 생일의 주인공은 그 불을 후 하고 불었다. 그리고 다 같이 박수를 치며 웃었다.

　나는 그들에게 접시와 포크를 가져다주었다. 그들은 크게 한 조각을 잘라 다시 내게 건넸다. 내가 가장 좋아하는 생크림 케이크였다. 나도 그들도 케이크를 야금야금 먹었다. 마감을 하는 동안 내가 커피머신을 청소하고, 설거지를 하고, 쓰레기를 버리고, 돈통을 여닫는 소리가 유난히 크게 들렸다. 가끔 동작을 멈추면 그들의 웃음소리와 피부끼리 퍽퍽하고 닿는 소리가 들리기도 했다. 나는 청소하다 말고 한 번씩 그들을 구경했다. 그들은 한 번도 내 쪽을 쳐다보지 않고 파티를 즐겼다. 그러다 마감 청소가 거의 끝나갈 무렵 시끌벅적하게 일어나 쓰레기와 접시를 모아 건네고 나갔다.

　이미 퇴근할 시간이 지났지만 그들이 남기고 간 여운 때문인지 피곤하지 않았다. 느긋하게 접시에 묻은 생크림을 휴지로 닦아내며 그들의 조용하고도 시끄러운 파티를 생각했다. 그들은 있는 내내 많이 웃었고 활발했다. 그들은 밝다. 그들은 당당하다. 어쩌면 표정과 몸짓이 커서 그렇게 보이는 것일 수도 있다. 나는 그들이 하는 말을 하나도 해석할 수 없기 때문에 항상 내 마음대로 그들을 상상하다 포기한다. 어쩌면 내가 이 정도여서 그들을 편안하게 대할 수 있는 걸지도 모른다.

조용한 카페에 설거지하는 소리만 들리니 여러 가지 생각이 나를 지나쳐갔다. 나를 당당하지 못하게 하고, 웃지 못하게 만드는 말들도 떠올랐다. 누군가는 듣지 못하는 것을 나는 듣고 있지만 그 날은 딱히 그것의 이득을 가늠하고 싶지는 않았다. 차라리 조용히. 물소리만을 듣고 싶었다.

오월 팔일에

아무것도 하지 않았어요, 오늘은. 무엇을 보내지도, 드리지도 않고.

당신은 궁금했을까요? 서운했을까요? 도대체 무얼 하고 있나 생각했을지도 모르죠. 잘 쓰지 않는 일기를 남기는 게 오늘의 특별한 일이겠네요. 언젠가는 당신에게 보여줄 수 있을 거예요.

며칠 전부터 한 시간 일찍 일어나요. 아르바이트하는 가게까지 걸어서 출근하려고요. 매번 버스를 탔었는데 걸어 다녀보니 좋은 점이 많아요. 오늘은 빠르게 스치던 정류장의 이름을 하나씩 보며 걸어가고, 시간이 빠듯해서 포기하던 김밥도 두 줄 사서 가게에 들어갔어요.

가게엔 먼저 출근해서 빵을 만들고 문을 열고 손님을 맞았을 매니저님이 있어요. 유니폼으로 갈아입고 매니저님과 서둘러 참치 김밥이랑 소고기김밥을 먹었어요. 같은 옷을 입고 같은 밥을 먹은 우리는 완벽한 한편이 되어 반대쪽 문을 바라보고 서 있어요. 인사를 놓치지 않으려고요. 어서 오세요. 안녕하세요. 감사합니다. 안녕히 가세요. 가끔은 이곳이 빵과 커피보다 인사를 대접하는 곳 같다고 생각해요. 사람의 기분을 살리거나 죽이기도 하는 건 결국 사람인 거예요. 그게 다행이면서 조금 무섭기도 해요.

아무 생각도 할 수 없이 바쁜 점심시간을 견디고, 가득 찬 쓰레기봉투를 수레로 실어 버리면 내 몫의 일이 끝나요. 정확히 오후 한 시에 지문을 찍고 퇴근하는데, 이곳에서의 일이 서툴 땐 이 정확함이 힘이 됐어요. 몇 시간만 일하면 된다는 각오에 오차가 없는 게 좋았거든요.

햇빛이 쨍 비추는 거리를 다시 걷기 시작했어요. 퇴근하고 집에 갈 때는 출근길과 다르게 골목으로 돌아가곤 해요. 느리게 걷고, 많은 걸 보고, 더 많은 걸 생각하는데도 집으로 가는 길은 짧게 느껴져요.

집에 오니 한 시 오십 분. 밥 챙겨 먹고, 빈 그릇에 물 부어놓고, 누워있기도 하며 세 시간을 보내요. 책도 읽고 글도 쓰며 이 시간을 보낸 적이 있는데 요즘은 마냥 쉬게 되네요. 아르바이트하러 다시 집을 나섰어요. 저녁에는 일하는 카페 바로 앞에서 내려주는 버스를 타는데 놓치면 한참 후에나 오기 때문에 미리 나가서 기다리는 게 나아요.

카페에 도착하면 옷은 갈아입지 않고 앞치마만 매요. 이 사실만으로도 나는 오전에 일하는 가게보다 이곳이 더 좋아요. 여기에는 나보다 두 살 어린 직원이 있고, 그보다 더 어린 학생 손님이 많이 오는데 어리다고 편하거나 쉬운 건 아닌 것 같아요.

오전보다 훨씬 다양하고 많은 음료를 만들다 보면 밖이 금방 어둑해져요. 손님들이 나가 어느새 텅 비어버린 카페 가운데 서 있는 일이 좋아요. 혼자만 듣고 싶은 노래를 틀어놓고 누군가의 흔적을 쓸고 닦다 보면 밤 열한 시가 돼요. 카페의 불을 모두 끄고 문을 잠그고 어둠이 된 거리에서 택시를 잡아요. 집과 가까운 곳에서 아르바이트하면 좋겠다 싶겠지만 나는 알아요. 비록 아르바이트일지라도 내가 하고 싶은 일이어야 했다는 것을. 지금을 지나쳐 보내지 않으려는 노력을, 조금 떳떳해 보려는 마음을 스스로 알고 있어요.

평소와 다른 것을 아무것도 하지 않은 하루였어요. 오늘은 평소처럼 생활에 성실하고 싶었어요. 어렸을 적 당신이 적어준 가훈처럼 말이에요. '성실' 깔끔한 종이에 적힌 두 글자. 당신이 생각한 가장 가치 있는 단어겠지요.

변화와 변덕이 많은 내 세상에서 보는 당신은 멀리 보이는 풍경 같았어요. 너무 조용하고 너무 꾸준해서 움직이지 않는 것처럼 보이기도 했어요. 당신이 얼마나 성실히 사는지 알게 된다는 건, 우리가 가까워지고 있다는 뜻일까요?

아무 소식 없는 나를 너무 궁금해하지 않았으면 좋겠어요. 그저 당신이 사는 방법으로 나를 그려보며, 당신이 조용하듯 나도 조용히 있는 것이라고 생각해주면 좋겠어요.

눈에 다래끼가 생기면 귀찮고 힘들지만 한 편으론 이 피로까지 간직하고 싶어요. 열심히 살고 있다고 당신에게 말할 수 있을 것 같아요.

어느 날부터는 한 사람에게만 기특해지고 싶다고 생각해요.

당신 덕분이죠. 내가 누리고 있는 오늘의 성실.

3장　　스스로 터닝 할 수 있는 사람

우리는 이미 잘 나있는 길을 따라 걷기만 하면 되는 사람은 아닐지도 모른다. 그러나 스스로 포인트를 찍어 터닝하는 사람은 될 수 있다.

글쓰기 수업 1

초등학교 삼 학년, 첫 영어 수업에 들어간 내가 받았던 충격은 아직도 생생하다. 꼬부랑거리는 그림을 칠판에 정갈하게 그려놓고선 선생님이 그걸 알파벳이라고 불렀다. 크고 대범한 그림은 대문자, 뭔가 소심해 보이지만 귀여운 그림은 소문자라고 했다. 선생님은 각자의 공책에 알파벳을 써보라고 했다. 오케이! 그리는 건 자신 있으니까.

칠판에 써진 것을 공책에 그리며 내가 알파벳이라는 것을 제일 예쁘게 쓰는 건 아닐까? 라는 생각을 할 때쯤이었다. 옆에 앉은 애가 "쥐~는 그렇게 쓰는 거 아니야. 그건 이렇게 한 칸 아래로 내려서 쓰는 거야."라고 말했다. 선생님이 위아래로 왔다 갔다 하며 쓴 것에 어떤 규칙이 존재함을 나는 몰랐던 것이다. 당황하지 않은 척 왜 자기 건 안 쓰고 남의 걸 보냐고 말하려는데 걔의 공책에는 이미 알파벳이 죄다 써져 있었다. 내가 쓴 것처럼 예쁘지는 않지만, 별것 아니라는 듯 휘갈긴 투가 어쩐지 멋지고 쿨해 보였다. 게다가 알파벳을 요리조리 조합해서 쓴 걸 가리키며 나에게 말하는 게 아닌가. '에이는 애프을~ 비는 버네너~ 씨는 카아~….'

그건 같은 시간 같은 공간에서, 심지어 같은 선생님에게 배우는 와중에 느껴지는 '실력 차이'를 가장 처음 실감한 순간이었다. 그때로부터 지금까지 그 실감은 커지면 커졌지, 절대 줄어들질 않는다. '실력 차이'에 이어 더 어마 무시한 '재능 차이'의 존재를 알게 된 이후로는 같은 공간에서 뭘 배우게 되는 게 마치 랜덤 게임 버튼을 눌러서 지정된 게임방처럼 느껴졌다. 운이 좋으면 내가 제일 고수가 될 수도 있지만, 이상하게 여러 레벨들이 모인 곳에서 나는 자주 중간을 차지했다.

배운 것들로 같은 모양의 시험을 보고, 줄 세움을 당하고, 줄 사이사이 커트라인으로 어딘가에 붙고 떨어지는 때에 나는 매 수업에서 고수이길 열망했다. 내 실력이 더해지면 좋지만 나머지가 바보가 되어도 괜찮은, 이를테면 상대적인 바람이었다. 나를 뺀 이들의 실력이나 열심이 내겐 별로 도움이 되지 않았던 것이다. 그저 경쟁인 수업의 연속이었다.

스물넷의 나이가 되어서야 나는 조금 다른 성격의 수업에 참여하게 됐는데, 엄청난 '실력 차이'와 '재능 차이'를 느끼면서도 그것이 막연한 두려움이 아니라 구체적인 기대감을 안겨주는, 글쓰기 수업에 가게 된 것이었다. 첫 책을 쓰고 받은 돈을 어떻게 사용하면 좋을까 고민하던 중이었는데 좋아하는 작가가 스승의 수업을 추천하는 글을 올린 게 수업을 결제하는 결정적인 한 방이 됐다. 이우성 시인이 가르치는 〈무잘글: 무엇이든 잘하게 만들어주는 글쓰기〉 수업이었다.

수업은 서울시 신사동에서 일주일에 두 번 진행되었다. 청주시 사창동에 사는 나는 집에서 네 시에는 출발해야 저녁 일곱 시 삼십 분 수업에 늦지 않게 도착할 수 있었다. 원래 멀리 사는 사람은 지각하기 더 어려운 법. 헤맬까 봐 택시까지 잡아탔더니 너무 일찍 도착해버렸다. 수업이 열리는 스튜디오 앞에서 한참 서성이고 시간을 끌어도 누군가 나타날 기미가 보이지 않았다. 결국 금메달을 걸며 스튜디오로 들어갔다. 수업을 준

비하던 스태프도 조금 당황한 눈치였다. 일곱 시밖에 안 된 시간이었기 때문이다. 이렇게 빨리 누가 들어올 거라고는 생각지 못한 거 같았다. 스튜디오의 벽과 책상이 온통 하얀색이라 나는 조금 많이 낯설고 뻘쭘했다.

 넘치는 열정과 조금의 모범생 증후군을 갖춘 나는 고민할 것도 없이 맨 앞자리에 자리를 잡았다. 조용한 노래 속에서 들리는 건 스태프가 분주하게 움직이는 소리뿐이었다. 도착만을 목표로 삼고 정신없이 온 탓에 앉고 나서야 실감이 났다. 내가 진짜 서울에서 열리는 글쓰기 수업에 왔구나...! 긴장과 기대. 걱정과 부담. 새하얀 벽에 압사당할 것 같은 무렵 다행히 문이 열렸다. 똑 단발머리와 블랙블랙한 패션으로 시크함을 내뿜는 송 언니의 등장이었다. 반겨주는 이가 딱히 필요하지 않아 보이는 뭔가 모를 도도함에 위축됐지만, 수많은 아르바이트 경험으로 처음 보는 사람에게 친한 척 잘하기로는 도가 튼 나였다.

"안녕하세요~"
"안녕하세요."
"제가 좀 일찍 와서 혼자 뻘쭘하게 앉아있었어요~"
"아…."
"저는 청주에서 왔거든요~ 일찍 출발했더니 너무 일찍 왔나 봐요~"

"청주 사세요? 저는 대전에서 왔어요."

아. 서울시 신사동에서 하는 수업의 금메달과 은메달을 청주시민과 대전시민이 나란히 차지하다니. 그 이후로 나와 송 언니는 수업이 끝나고 고속버스터미널까지 동행하는 사이가 되었다. 청주와 대전에서 왔다고 소개하면 사람들은 엄지를 치켜들었다. 어떻게 서울까지 왔다 갔다 하냐며 우리를 걱정했다. 얼마 뒤 알게 된 건 우리가 한 시간 반가량 버스를 타고 집에 돌아갈 때, 서울에 사는 수강생 중 많은 사람이 비슷한 시간을 들여 지하철을 타야 귀가할 수 있다는 사실이었다. 수업을 듣고 얘기를 하고, 같이 걷는 시간이 늘어날수록 수강생들은 서로에게 엄지를 치켜드는 날이 잦아졌다.

이우성 선생님은 내가 만나 본 모든 선생님을 통틀어 가장 옷을 잘 입고, 젊은 감성과 풍부한 감정을 지닌 선생님이었다. 〈나는 미남이 사는 나라에서 왔어〉라는 시집을 낸 시인이며 미남컴퍼니를 운영하고 있다는 사실 말고는 선생님에 대해 아는 게 하나도 없었다. 어떤 모습을 딱히 상상할 수가 없었지만, 만약 상상했다 하더라도 그것과 선생님은 아주 많이 달랐을 것이다. 선생님은 대학 후배들을 만나러 온 아주(?) 고학번의 선배

같았다. 그런 선배를 실제 대학에서 만나본 적은 없지만, 소설에서 자주 보았다. 까마득한 후배를 만나러 와서 자신 어린 조언과 경험을 쏟아부을 선배는 요즘 세상에 없기 때문이다. (수요도 없고 공급도 없다) 그게 불행인지 다행인지는 모르겠지만 적어도 글쓰기의 엄청난 선배를 만난 기분이라 든든했다.

어렸을 때부터 내 글을 보여주었던 모든 선생님에게도 그랬지만, 선생님께 칭찬을 받고 싶었다. 내가 글을 잘 쓰는 사람인지도 알고 싶었다. 이곳에서 만난 사람들 사이에서 설마설마하다가 끝내 빛을 발하는 사람이 나이길 바랐다. 나만 품은 욕심은 아니었을 거다. 토막 낸 시를 자기만의 순서로 이어 붙여 보라든지, 모든 단어가 없어질 때 살리고 싶은 세 가지 단어만 골라 한 문장 글을 지어보라는 과제가 실시간으로 주어지면 너무 잘해보고 싶은 마음에 아무것도 할 수 없었다. 어떻게든 뭔가를 써서 내면 내 문장만 진부하거나 힘이 잔뜩 실려 있는 거 같아 부끄러웠다. 어떻게 그렇게들 기발하고 담백하냐고 묻고 싶었다.

한 번은 자기 방에 있는 물건을 리뷰하는 과제가 있었는데, 말 그대로 '리뷰', 흔한 사물을 다시 보며 글을 써보는 것이었다. 나는 '실내화'에 관해 적었다. 보면서 쓰는 과제였는데도 집에 있는 실내화의 기능이나 생김새 등을 적지는 않았다. 드라마에 나오는 부잣집에서 꼭 신는 실내화를, 좁디좁은 내 원룸에서 끼고 사는 이유를 적었다. 자기 연민에 흠뻑 젖은 글이었다. 늦은 밤까지 낑낑대다 제출한 과제여서 평타는 치겠지 예상했다.

그러나 다음 날 수업에서 나는 처참한 기분으로 앉아있어야 했다. 여러 사람에게 들린 종이 뭉치에서 내 과제만 찢어내고 싶은 충동을 애써 억눌러야 했기 때문이다. 친숙하게 느끼던 나의 옆 고장 친구 송 언니가 활약을 해서 더 그랬다. 송 언니는 자기 침대를 리뷰했는데 나는 송 언니의 글을 읽으며 그녀의 침대 모양과 색깔과 침대에 올려져 있는 물건을 천천히 상상할 수 있었다. 특별한 감정을 드러내지 않으면서 묘사가 가득한 글은 너무나 삼삼해서 계속 읽고 싶은 마음이 들었다. 짧아서 아쉬울 정도였다. 에이포 용지 반만 한 길이에 아득바득 눈물을 떨구어 놓은 내 글과는 달랐다. 내가 썼지만 여러 번 읽기에는 너무 느끼했던 것이다.

내 바로 옆에 아무렇지도 않게 앉아있던 사람들이 놀라운 글을 써오는 일이 반복되었다. 첫 과제부터 선생님의 극찬을 받은 수강생도 있었고, 매번 평타 이상을 치는 송 언니를 비롯

한 막강 멤버들도 있었다. 그들이 언제부터 글쓰기를 연마해왔는지 알 수 없으므로 내 앞에 다가온 것이 '실력 차이'인지 '재능 차이'인지는 알 수 없었다. 그저 랜덤 배치된 다양한 레벨 사이에서 위축되지 않으려고 자신 있는 것을 헤아리곤 했다. 끝날 때까지 수업을 한 번도 빠지지 않을 거라는 확신, 과제를 한 번도 빼먹지 않고 내자는 다짐, 가장 최연소 수강생이라는 사실이었다(세 가지는 필요할 거 같았다).

글을 잘 써보기 위해 일주일에 두 번씩 만나는 사람들이 나보다 무엇을 얼마나 잘하는지 알게 되는 건 놀랍긴 하지만 좌절할 일은 아니었다. 멋쟁이 선배와 예측불허 수강생이 함께하는 일곱 번의 수업이 지나면 나는 무엇이든 잘하게 될 것이기 때문이었다. 그게 무엇이든 상관없었다. 〈무잘글〉의 '무엇이든'은 Everything이 아니라 Whatever이었을지도 모를 일이다.

글쓰기 수업 2

　네 번째 수업을 들은 날, 영영 피하고 싶으면서도 은근히 기다리던 과제가 주어졌다. 이름하여 〈고백하는 글쓰기〉. 어떤 주제든 상관없이 나 자신을 고백하는 글을 A4 한 장 분량으로 써오는 과제였다. 선생님이 과제를 설명하자 우리는 부담감을 온몸으로 표현하기 시작했다. 설명을 토씨 하나 빼지 않고 받아 적는 사람도 있고 아예 녹음을 해버리는 사람도 있었다. 부담의 낌새를 눈치챈 선생님이 조언을 덧붙였다. 지금까지 배운 글쓰기 방법들을 떠올려가며 쓰지만, 막상 글을 쓸 때는 그 모든 방법을 잊어버려야 한다고. 가령 첫 문장을 잘 써보려고 그 문장에만 매달려있어서는 안 된다는 말이었다. 이 말은 뭐랄까. 마음을 편안하게 만들어주는 말 같다가도 모든 걸 잊고 쓸 정도로 어떤 경지에 올라야 한다는 말처럼 느껴졌다. 그러나 얼른 쓰고 싶은 마음을 먹게 하는 덴 확실한 효과가 있는 듯했다. 스튜디오가 조용한 열의로 가득 찼다. 적어도 이 자리에 쓸 수 있을까를 고민하는 사람은 없어 보였다. 다들 나와 같은 표정을 짓고 있었다. 그건 모든 유혹과 두려움을 이겨내고 글을 완성할 자신을 믿고 있는, 뿌듯함과 피로가 믹스된 표정이었다.

집으로 가는 길에 송 언니가 어떤 글을 쓸지 정했냐고 물어봤다. 내 머릿속에서 글감 콘테스트가 펼쳐지고 있던 참이었다. 이걸 쓰면 너무 불쌍해 보일 것 같고, 저걸 쓰면 우리 가족이 이상해 보일 것 같고…. 남이 본다고 생각하니 쓸 만한 글이 하나도 없었다. 송 언니에게 한숨을 내쉬며 아직 잘 모르겠다고 했다. 분명 언니도 고민이 많겠지. 매번 뭐에 대해 쓸 거냐고 물어보면 모른다고 했으니까.

별 기대 없이 "언니는 정했어요?" 하고 물었는데 송 언니가 "네. 전 정했어요."라고 했다. 명료한 대답에 놀라 송 언니를 쳐다봤다. 언니는 담담한 표정으로 어딘가를 바라보고 있었다. 글감을 확실하게 정해놓은 사람이라고 하기엔 그리 개운하거나 속 시원한 표정은 아니었다. 언니를 쳐다보다가 뭐에 관해 쓸 거냐고 물을 타이밍을 놓치고 말았다. 묻지 않는 게 좋을 거 같기도 했다. 얼른 언니 글을 읽고 싶다고 말했다.

버스를 타고 집에 돌아온 밤에, 생각보다 간단하게 뭐에 대해 쓸지를 정했다. 계속 떠올랐지만 제일 망설였던 글감을 꺼내기로 한 것이었다. 〈고백하는 글쓰기〉라는 말이 결정에 용기를 실어줬다. 마음속에 생각하고 있거나 감추어 둔 것을 사실대로 숨김없이 말하는 것. 그게 고백의 의미기 때문이다. 노트북을 펴서 첫 문장을 썼다.

'엄마가 복도에서 길을 잃었다.'

나는 어렸을 때부터 지금까지 우리 엄마가 치매에 걸릴까 봐 걱정해왔던 것을 쓰기 시작했다. 드라마에서는 꼭 착하고 고생을 많이 한 엄마들이 치매에 걸렸기 때문이다. 이상하게 나는 엄마가 행복했던 순간보다 힘들었던 순간을 기억하는 딸이었고, 무엇보다 우리 엄마는 누구보다 착했으므로 엄마가 조금이라도 기억력이 쇠퇴한 모습을 보이면 마음이 불안했다.

이 글을 쓰기 시작할 때 나는 송 언니와 같은 표정을 짓고 있었다. 개운하지도 속 시원하지도 않은 표정. 비로소 이해가 됐다. 왜 그런 표정을 지었는지. 해결되지 않은, 하다못해 내 안에서 아직 백 프로 이해되지도 않은 일을 꺼내서, 그사이 뒤엉킨 감정을 한 줄 한 줄 풀어내는 일을 우리는 시작하고 있기 때문이다. A4 한 장도 채우지 못한 짧은 글이 어린 시절부터 지금까지 이어진 걱정으로 빼곡했다.

한 주가 빠르게 지나가고 과제를 발표하는 날이 되었다. 우리의 고백은 하나의 종이 뭉치가 되어 자리에 놓여 있었다. 다들 어떤 고백을 써왔는지 짐작할 수 없을 정도로 평소와 같은 얼굴이었다. 선생님이 오시고 수업이 시작됐다. 그 주의 수업은 과제를 발표하는 게 전부였다. 써온 글을 자기 목소리로 읽고 나면 선생님이나 다른 수강생들이 합평을 해주는 순이었다.

꽤 앞 순서에 내 글을 읽게 됐다. 일주일 동안 글 하나 쓰면서 얼마나 펑펑 울어 재꼈던가. 지금은 담담하게 읽을 자신이 있었다. 차분한 목소리로 읽어나가기 시작했다.

"엄마가 복도에서 길을 잃었다. 오빠는 203호, 우리는 204호. 오른쪽으로 몇 걸음만 오면 우리 집인데 방향을 착각해 계단 쪽으로 갔다. 우리는 작년부터 이곳에 살았다. 초등학생 때부터 엄마가 치매에 걸리는 상상을 했... 쿵! 다. 엄마가 이상한 행동을 쿵! 보인 건 쿵! 아니었다….”

채 다섯 줄도 읽지 않았는데 눈물과 콧물이 동시에 흐르기 시작했다. 아…. 내 글을 읽으면서 내가 울면 어쩌자는 거냐고! 그러나 한 번 흐르기 시작한 눈물은 그칠 기미가 없었다. 눈물을 참으려고 했더니 콧물이 세 배쯤은 쏟아지는 것 같았다. 왼손으로 든 과제 뭉치 뒤에 얼굴을 숨기고 오른손으로는 계속 콧물을 닦았다. 글 읽으랴 콧물 닦으랴, 그것도 티 안 나게 몰래 닦고 싶어서 나 혼자 아주 바쁘고 힘들었다.

“엄마의 휴대폰 메모장 맨 위에 적어 놓았다. 오빠는 203호, 우리는 204호.” 마지막 문장을 읽고 나서야 모든 부끄러움이 한 번에 닥쳐왔다. 내가 너무 요란을 떤 건 아닐까 하고 종이를 슬며시 내려놓는데 내 앞과 옆에 앉은 몇 명의 수강생들이 울고 있었다. 한 언니가 티슈를 뽑아서 내게 건네주었다. 그 언니는 이미 젖어있는 티슈를 꾸깃꾸깃하게 들고 있었다.

내 글 이후로도 일곱 명의 고백을 들었다. 내가 제일 솔직하게 썼겠지? 생각한 건 완전히 큰 오산이었다. 알고 보니 종이 뭉치엔 남들한테 말하지 못했던 이야기가 가득가득 들어있었다. 누나를 생각하며 쓴 글도 있고, 아빠를 향해 쓴 글도 있었다. 송 언니는 나처럼 엄마에 관한 이야기를 썼다. 언니는 울지도 않고 끝까지 담담하게 읽었다. 내 것보다 길고 자세하고 더 솔직한 글을. 나뿐 아니라 수업에 온 모든 수강생들이 송 언니의 글을 읽으면서, 또 들으면서 놀랐다. 이 글은 어떻게 이렇게 솔직할까? 이 글은 어떻게 이렇게 잘 썼을까? 이 글은 어떻게 이렇게 우리의 마음을 아프게 할까?

나는 송 언니가 쓴 글의 내용이 아니라 글 자체가 우리를 놀라게 했음을 깨달았다. 송 언니가 어떤 글감을 선택했고, 그것에 관해 어떻게 썼으며, 그것을 누군가 읽도록 공개했다는 사실이 구체적이면서도 복합적으로 우리를 감탄하게 했기 때문이다. 그 모든 과정이 고백이고, 모든 과정이 글이라는 걸 누가 알려주지 않아도 알 수 있었다.

그전까지 나는 내용이 글의 전부라고 생각했기에 겁이 많았다. 누군가 글의 내용만 보고 나를 이렇게 저렇게 판단할 것이 두려웠기 때문이다. 그런데 나도 모르게 더 솔직하게 써볼 걸 하는 아쉬움이 들었다. 그건 아무에게도 말하지 못한 글을 써와도 아무렇지도 않게 읽어주는 사람들을 만난 덕분이기도 했다.

글을 읽고 나서도 송 언니는 송 언니였다. 그건 아빠 얘기를 썼던 혜 언니도 다른 수강생들도 마찬가지였다. 나도 무엇을 쓰든 나일 수 있었다.

내 얘기 한 편도 겨우겨우 쓰던 내가 이 책에는 마르고 닳도록 썼다. 글쓰기 수업에서 그렇게 거창하게 바라봤던 자기고백을 매일매일 자진해서 하고 있는 셈이다. 나는 언젠가부터 슬프고 힘든 와중에도 나중에 이 주제로 글을 써봐야지 하고 생각한다. 스스로 순탄하게 살지 않았다고 여기기까지 한다. 너무 힘든 삶을 산 사람과 비교하다가는 아무것도 못 쓰게 될지도 모르기 때문이다. 이 정도면 거의 고백하고 싶어 안달 난 사람이다.

〈무엇이든 잘하게 만들어주는 글쓰기〉 수업에 글을 너무너무 잘 쓰는 사람이 많았다면 어땠을까? 내 글이 너무 부끄러워서 더 쓰고 더 솔직해져 볼 용기를 내지 못했을지도 모른다. 감사하게도 나의 첫 글쓰기 수업은 수영장 초급반 같았다. 갓 들어온 입문자와 중급반 직전 실력의 사람들이 섞여 있는. 물장구만 겨우 치는 듯한 글을 써와도 서로 감탄하고 칭찬만 해주는 사이좋은 초급반.

그때 만났던 초급반 수강생들이 자주 생각난다. 선생님과 수강생 몇 명은 인스타그램 팔로우도 하고 있는데 그분들이 눌러주는 좋아요는 이상하게 더 힘이 된다. 잘하고 있어! 더 써보자! 라고 말해주는 느낌이다.

내 생의 두 번째 책이 만들어지면 이우성 선생님의 카페에 찾아가서 직접 드리고 싶다. 16P라는 카페다. 공간으로서는 카페이지만 콘텐츠를 만드는 플랫폼이기도 하다. 이우성 선생님이 계시면 뭐라도 한마디 하면서 드려야겠지? "제가 그래도 계속 썼습니다. 선배….아니 선생님.","제 콧물이 묻어있을지도 모르니 조심하세요…?"

선생님께든, 초급반 수강생들에게든, 이 책을 읽는 누구에게든 이런 얘기 한 번쯤은 들어보고 싶다.

"정말 별의별 얘기를 다 썼구만."

뜻밖의 다행

당연하게 쓰는 말도 뜻을 한 번 찾아보려는 요즘이다. 뜻을 제대로 알고 나면 그 말을 사용하는 상황이나 기분이 조금 달라지기도 한다. 내가 글로 자주 쓰는 말이 '너무', '생각한다'라면, 입으로 자주 하는 말에는 '다행이다'가 있다. 이번 주만 해도 복구하지 못할 줄 알았던 외장하드를 살려냈을 때, 갑자기 재부팅된 컴퓨터에서 자동 저장된 한글 파일을 발견했을 때, 정면으로 떨어트린 후 식겁하고 집어 든 휴대폰 액정이 멀쩡할 때 "휴. 다행이다. 진짜 다행이다."를 남발했다. 이쯤 되니 '다행이다'라는 말도 정확한 뜻이 궁금해 찾아보았다. '뜻밖에 일이 잘되어 운이 좋다'라는 의미가 있다. 가만 보면 다행을 참 습관처럼 찾았다.

틀리게 사용한 것은 아니지만 '다행이다'의 의미를 찾아 읽어보고는 그 말을 어떻게 사용하면 좋을지 처음으로 고민해보게 되었다. 뜻 가운데 있는 '운이 좋다'는 말이 마음에 걸렸기 때문이다. 물론 외장하드와 작업한 파일과 휴대폰을 잃지 않은 것은 정말 감사한 일이지만 딱히 운이 좋다고 말하고 싶지는 않다. 운이 좋다는 말을 원래부터 잘 사용하지 않는데, '운'이라는 건 정말 소중하고 귀중한 순간에 찾아야 그 가치를 발할 것 같기 때문이다.

게다가 다행이라는 건 그냥 운이 좋은 것도 아니고 '뜻밖에 일이 잘되어 운이 좋은' 것이다. 내가 어떤 일에 얼마큼의 기대를 걸고 있는지에 따라 이 말을 사용하는 자리가 달라질 수 있다는 말이다. 아주 주관적이고 개인적인 말이 되겠다.

이적의 노래 '다행이다'는 그런 의미에서 사람들의 마음을 울리는 것 같다. 시작부터 담담하게 읊는 다행인 순간들은 그의 가사를 끝까지 귀 기울여 듣게 만든다.

그대를 만나고

그대의 머릿결을 만질 수가 있어서

그대를 만나고

그대와 마주 보며 숨을 쉴 수 있어서

그대를 안고서

힘이 들면 눈물 흘릴 수가 있어서

다행이다

그대라는 아름다운 세상이 여기 있어 줘서

거친 바람 속에도 젖은 지붕 밑에도

홀로 내팽개쳐져 있지 않다는 게

지친 하루살이와 고된 살아남기가

행여 무의미한 일이 아니라는 게

언제나 나의 곁을 지켜주던

그대라는 놀라운 사람 때문이라는 거

그대를 만나고

그대와 나눠 먹을 밥을 지을 수 있어서

그대를 만나고

그대의 저린 손을 잡아 줄 수 있어서

그대를 안고서

되지 않는 위로라도 할 수 있어서

다행이다

그대라는 아름다운 세상이 여기 있어 줘서

    그의 가사에서는 잔잔한 햇살이나 아늑한 방구석 같은 걸 찾아볼 수 없다. 그는 때로 거친 바람이 부는 젖은 지붕 밑에 있는, 지치고 고된 하루를 살아가는 사람이다. 누구나 인정할 만큼 특별한 운을 쥔 사람은 아니어 보인다.

    그러나 그는 지친 하루에 홀로 있지 않게 해주는 당신이 있는 것, 그로 인해 고되게 살아남는 일이 무의미하지 않을 수 있는 것에서 자신의 운을 발견하는 사람이다. 사람이 힘들지 않고, 손이 저리지 않고, 그래서 애초에 위로도 필요 없는 상황에 기대를 걸기는 참 쉽다. 반면 기대처럼 되지 않을 때 자신의 뜻 밖에 있는 사람과 의미와 고마움을 바라보는 시야를 가지기는 얼마나 어려운지. 그의 노래를 듣다 보면 내 좁은 뜻 밖이어야 더 높고 넓은 차원의 운들을 만나게 될지도 모른다는 생각이 든다.

    며칠 전, 카페에서 일하다 말고 휴대폰 메모장을 켜서 몇 문장을 적었다. '다행이다'란 말에 대한 고찰은 사실 이 문장으로

부터 시작되었다. 이런 내용이다.

벌이의 넉넉함과 성실한 태도. 유년 시절 부모에게 바란 것은 전자이고, 실제 보고 자란 것은 후자이다. 그 사실이 부쩍 다행이다.

겪지 않을 수 있는 일을 겪으면 마음과 몸이 소모되기 마련이다. 그러나 꼭 그만큼을 채우는 어떤 것을 만나게 되고, 그렇게 사람은 성숙한다. 실보다 득을 크게 느끼려 하다 보면 어느새 채우고도 넘친 것들로 내면이 더욱더 단단해진다. 내 삶에서 그런 운을 조금씩 발견하게 된다. 부쩍 내가 운 좋은 사람인 이유다.

나의 다행은 누구를, 무엇을 향하고 있나. 나는 앞으로 어떤 운을 발견할 수 있을까. '다행이다'를 자동재생처럼 뱉을 때는 느낄 수 없던 고마움이나 소중함이 이제는 느껴진다. 고를 수 있다면 뜻 안의 운보다는 뜻밖의 운을 발견하며 살아보고 싶다.

요리의 재미

아무리 생각해도 요리하는 게 재미없다는 결론이 나올 때마다 머릿속에서 아른거리는 장면이 있다.

열네 살 때 일이다. 한 선생님이 중학교에 갓 입학한 나와 친구들에게 밥을 사주겠다며 닭갈비집으로 불렀다. 닭갈비가 익어가는 동안 우린 이런저런 말을 하며 떠들었다. 어른 한 명과 아이 셋의 대화가 으레 그렇듯이 선생님이 적당한 질문을 찾아 던지면 우리는 열심히 대답했다.

그 적당한 질문 중 하나로 요리를 좋아하는지, 잘하는지에 관해 얘기하고 있던 중이었다. 지금도 그렇지만 그때 나는 요리하는 게 귀찮고, 레시피를 찾아서 도전하고 싶은 마음도 없었다. 오빠는 가끔 집에 있는 재료를 왕창 꺼내놓고 콧노래를 흥얼거리면서 요리를 했는데, 그 모습을 볼 때마다 신기했다. 채소를 씻고 다듬는 것도, 떠벌려놓은 도구와 그릇을 설거지하는 것도 그저 귀찮은 일처럼 느껴졌다. 딱 하나, 맛있게 요리된 음식을 먹는 것만 재밌고 좋았다. 이대로라면 나이를 더 먹어서도 요리를 안 할 거고, 그래서 요리를 못할 거 같다고 나는 말했다.

요리에 이렇게까지 거부반응을 보이는 애가 그날 그 자리에 나밖에 없어서 그랬는지, 선생님은 집요하게 나에게 물어왔다.

"근데 너 어떡하냐~ 결혼하면 요리해야 될 텐데? 결혼해서 만들 줄 아는 음식 하나 없으면 어떡하려고? 그때마다 엄마한테 전화하려고?"

그 전과는 다른 질문이었다. 더 이상 궁금해서 물어보는 건 아닌 듯했다. 계획 없이 일단 싫다고 징징대는 제자를 향한 충고였을까? 좀 더 뒷일까지 바라보라는 뜻이었을까? 그러나 나는 다 계획이 있었다.

"전 가사도우미 고용할 건데요?"

잘못 들었다는 듯 나를 쳐다보던 선생님의 경악스러운 표정이 잊히지 않는다. '다은이에겐 다 계획이 있구나' 같은 표정은 확실히 아니었다.

솔직히 말해서 별생각 없이 던진 말이었다. 그러니까 저 말을 하는 머릿속엔 가사도우미에게 지급할 임금은 고사하고 내가 어떤 일을 하고 얼마의 돈을 벌며 살 것인지 계획조차 없었다는 말이다. 내겐 요리가 재미없다는 사실, 요리를 해줄 전문가가 있다는 사실. 이 두 가지 사실만이 중요했다.

그때 닭갈비를 사주던 선생님이 지금의 내 나이였으니, 어린 애의 말이 어떻게 들렸을지 대충 알겠다. '하이고 말이야 쉽지. 여기저기 돈 쓸데가 천지인데. 나중엔 누가 말 안 해도 나서서 요리해 먹을 거다.' 이런 마음이지 않았을까.

스무 살 때부터 부모님과 떨어져 지냈으니 벌써 자취한 지가 6년째다. 엘리트빌에서 2년, 드림빌에서 2년을 살았고, 동

현빌에서 2년을 채워가고 있다. 정겹고 정말 좁은 나의 집들. 그 집에서 수없이 많은 낮과 밤을 보내고, 밥을 먹고, 공부를 하고, 놀았지만 어느 집에서든 요리를 한 건 손에 꼽는다. 균형을 잃고 한 발만 뒤로 가도 신발장을 밟게 되는 좁디좁은 부엌에서 한 일은 엄마가 해놓고 간 음식 데우기, 한 번 더 볶기, 물 넣고 다시 끓이기. 그리고 설거지 정도가 되겠다.

아. 어쩌다 한 번 친구가 놀러 와서 파스타를 해먹은 적이 있고, 어쩌다 한 번 연인을 기분 좋게 해주고 싶어서 유부초밥을 싼 적이 있긴 하다. 유부초밥은 밥만 해서 넣으면 되니까 요리가 아니라고 말하는 사람이 있을지도 모르지만, 어쨌든 직접 밥도 지었으며 다진 야채를 첨가했으므로 요리가 맞다.

사람들에게 자취를 6년째 하는 중이라고 말하면 요리는 뭐 척척 해내겠다고 말할까 봐 무섭다. 누군가 해준 요리를 먹을 때에는 적당히 알던 사실을, 직접 몸으로 부딪치며 나는 더 정확히 알게 되었기 때문이다. 여전히 나는 요리가 재미없다.

요리를 끝장나게 잘하는 사람과 결혼하고 싶다는 바람은 양심상 품어본 적이 없고, 요리하는 걸 좋아하는 사람과 살면 좋겠다는 생각은 해봤다. 오늘은 어떤 요리를 해 먹어볼까? 물으면서 레시피 읽기를 재밌어하는, 채소를 씻고 다듬으며 콧노래를 부르는, 보기 좋게 플레이팅을 해놓고 사진을 찍으며 뿌듯해하는 사람이 내 소박한 관계망 속에도 꽤 있으니, 이 세상에 요리를 즐기는 사람이 많을 거라는 기대가 자라난 것이다.

그러나 어떤 분야든 좋아하고 즐기는 단계에 이르렀다는 것은 그만큼의 연습과 시간을 투자한 사람이라는 뜻이다. 요리에 시간을 투자한 사람보다는 투자하지 못한 사람, 또는 나처럼 투자하지 않은 사람. 그래서 요리를 모르거나 못하는 사람이 아무렴 더 많을 것이다.

바람은 바람일 뿐, 간절한 목표는 아니기에 누군가를 만날 때 요리를 좋아하는 사람인가 아닌가 살펴본 적도 없다. 그저 바랄 뿐이다. 내가 "난 요리 잘 안 해 먹어."라거나 "할 줄 아는 반찬이나 국 하나도 없어."라고 말했을 때 실망하는 눈빛을 보이지 않기를. "요리 잘하는 여자 만나야 한다던데." 하며 탄식하지 않기를.

세상에 재미없는 게 얼마나 많은가. 독서가 재미없는 사람도, 운동이 재미없는 사람도 있다. 하지만 재미라는 건 회전문 같아서 꼭 닫혀있는 것 같아도 어느 틈에 열리고, 활짝 열었다 싶어도 조금씩 닫혀가는 게 아니던가. 나 또한 어떤 계기든 만나기만 한다면 아주 쉽고 빠르게 요리의 재미를 찾게 될지 모르는 일이다.

그러니 나를 좋아해서 나와 함께 할 미래까지 꿈꿀 사람아. 꽉 닫힌 편견의 시선, 책망의 눈빛으로 나를 바라보지 말아 주었으면 좋겠다. "괜찮아~ 나도 요리 못해. 우리 같이 얼렁뚱땅 복작복작 요리해보자." 하고 말한다면 나는 더 이상 가정도우미를 고용하겠다는 어린 시절의 포부를 가능케 할 방법을 떠올리지 않을 것이다. 김치볶음밥이랑 야채 더 썰어 넣은 유부초밥 따위를 거론하며 살포시 나의 열린 가능성에 대하여 말하기 시작할 것이다.

터닝 포인트

　엄마가 왔다. 우리 집에서 하룻밤 자고 가기로 했다. 엄마는 새벽기도를 마치고 밥도 짓고 국도 끓이고 누룽지도 만들어 놓고 왔다. 아빠가 끼니를 거르지 않고 잘 챙겨 먹을 수 있도록 만반의 준비를 하고 오는 것이다. 이렇게 이른 시간부터 움직이고 부지런히 사십 분 정도를 달리면, 천안에서 청주에 도착해서도 아직 아침이다. 우리는 부스스하게 일어나 엄마를 한 번 꽉 끌어안고 같이 아침을 차려 먹는다.

　같이 차려 먹는다고 해봐야 우리가 하는 건 별로 없다. 엄마가 애들 가져다준다며 며칠에 걸쳐 락앤락에 싸놓은 음식을 꺼내서 접시에 덜거나 따뜻하게 데우는 정도다. 올 때마다 엄마는 우리와 최대한 많은 시간 함께 있고 최대한 많은 끼니를 같이 챙기고 싶어 한다. 대학생 때부터 자취를 시작해서 떨어져 산 지가 벌써 수 년째지만 엄마는 이 거리감이 주는 아쉬움을 매번 새롭게 더 강하게 느낀다. 원래 부지런한 엄마가 더욱 부지런해지는 이유다. 그 부지런 덕분에 적어도 하루 동안은 나와 다혜도 아침 점심 저녁밥을 모두 엄마와 챙겨 먹는다.

오전 아홉 시에는 고기가 푸짐하게 들어간 미역국을 다시 한번 끓여서 밥을 말아 먹었다. 슬슬 배고파질 오후 두 시에는 챙겨온 반찬을 뒤로 하고 피자를 시켜 먹었다. 내가 카페로 출근하고 나서는 다혜와 저녁을 챙겨 먹었을 테고, 오후 열한 시 반에는 출출한 내가 퇴근하면서 만들어 온 버블티를 마주 보고 쏙쏙 빨아 먹었다. 하루 사이에 우리는 집밥과 배달 음식과 디저트까지 다양하게 먹는다. 엄마는 우리가 잘 안 챙겨 먹는 것을, 우리는 엄마가 굳이 챙겨 먹지 않는 것을 일부러 먹는다.

매 끼니, 우리가 신나게 먹고 마시는 동안 엄마는 한 번씩 먹던 손을 멈추고 테이블 끝이나 빨대를 만지작거렸는데 그러고 난 엄마가 꺼낸 말에는 어김없이 아빠가 등장했다. 뭘 먹을 때마다 아른거리는지 '아빠 드시게 요구르트 좀 더 채워놓고 올걸.' '과일을 너무 많이 가져왔네. 아빠 먹게 좀 더 두고 올걸' '이 음료수 아빠가 좋아하는데, 가져다줘야겠다.' 같은 말들을 하는 거다.

그럴 때 우리는 싸 온 것 중에 아빠가 좋아하는 거 있으면 다시 챙겨 가라며 엄마를 부추긴다. 하지만 엄마의 말투에 아쉬움이나 미안함이 너무 잔뜩 묻어있을 때는 엄마가 아빠를 위해 차려놓고 온 음식과 그에 담긴 정성을 강조해주어야 한다. "엄마 국도 끓여놓고 왔다며~ 해놓은 반찬도 많이 있잖아. 아빠가 잘 챙겨 먹을 거야." 아빠에게는 미안하지만, 이곳까지 와서 저곳의 걱정으로 시간을 보내게 할 수는 없는 일 아닌가.

어떤 말에도 쉽게 미안함을 내려놓지는 않지만, 옆에서 계속 이런 말을 하다 보면 엄마는 어느 순간 다시 싱긋 웃는다. 그리곤 특유의 소녀스러운 말투로 우리에게 말한다. "그래도 아빠가 있잖아~ 내가 해주는 걸 너무 맛있게 먹는다?" 통 딴 얘기를 하지 않는 선생님이 대뜸 첫사랑에 대해 말해주기라도 한 것처럼 우리는 "오~"를 외치며 오버스럽게 반응한다. 이 기회를 놓치지 않겠다는 듯 반짝거리는 눈으로 쳐다본다. 그럼 엄마는 웃음을 잔뜩 머금은 목소리로 조그마한 자랑을 늘어놓는다.

아빠는 단 한 번도 엄마가 차려준 밥에 이렇다 저렇다 말한 적이 없다고 했다. 엄마가 요리를 엄청 잘하는가 하면 또 그렇진 않다. (엄마 미안) 여러 종류의 국과 반찬을 뚝딱 만들어낼 줄 안다는 면에서 당연히 훌륭한 요리사지만, 재료의 합을 꿰고 있다든가 여러 도전을 즐기는 프로에 가까운 실력은 아니라는 말이다. 말하자면 엄마는 몇십 년 동안 체득한 당신의 레시피보다 2년간 유튜브를 보며 새롭게 알게 된 레시피를 더 믿고 의지하는 사람이다. 결혼하면 어떻게 요리해 먹고 사냐며 내가 한숨을 푹 쉬면 유튜브가 있는데 무슨 걱정이냐고 말할 정도다. 때때마다 검색하고 배우고 잘 따라 해내는 사람이 흔치는 않으니, 타고난 요리 우등생은 아니어도 열심생인 건 확실하다.

내가 엄마의 요리 실력을 감히 평한 건 아빠가 이런저런 불평을 하지 않은 이유를 말하기 위해서다. 두말할 나위 없는 완벽한 요리를 먹었기 때문이 아님을 확실히 하는 것이다. 아빠는 어떤 음식을 밥으로 내어주든 후루룩 쩝쩝 정말 맛있게 먹는다. 옆에서 보고 있으면 밥을 먹었는데도 또 군침이 돌 정도다. 아빠가 먹방을 찍으면 잘 되겠다고 생각한 적도 있다. 오죽

하면 엄마도 옛날부터 아빠의 특기를 '맛없는 음식 맛있게 먹기'라고 했을까.

그 특기가 빛을 발했던 날을 기억한다. 우리가 초등학생이던 시절, 하루는 엄마가 집에서 케이크를 만들었다. 오븐이 없어도 집에 있는 커다란 밥솥을 이용해서 케이크 시트를 만들 수 있댔다. 티비를 보며 급하게 베낀 레시피가 다였다. 재료를 알려준 대로 계량해서 열심히 만들고는 밥솥 조리 버튼을 눌렀다. 희미한 기억에 의존하자면 계량 도구도 없어서 얼추 비슷한 크기의 숟가락으로 따라 하고, 밥솥도 레시피에 명시된 버튼이 없어서 다른 버튼으로 대체했던 것 같다. 나중에서야 안 사실인데 특히 제빵은 레시피대로 얼마나 정확하게 만드느냐가 성패를 좌우한다고 한다. 그 옛날 '얼추' '비슷하게' 따라 한 것에서부터 우리의 실패는 예정되어있었던 거다.

먹고 싶다고~ 만들어달라고~ 그렇게 조르던 나와 다혜와 오빠는 결과물을 한 입씩 먹어보고 나서 입을 싹 닦았다. 다행인지 불행인지 몰라도 모양새는 아주 그럴듯했는데 이상하게 맛이 없었다. 빵은 아닌데 떡이라고도 할 수 없는, 대체적으로 부실하고도 뒤늦게 꼽꼽한 식감이 거부감을 더했다. 가족 모두 한 입씩 먹은 둥그렇고 커다란 케이크를 둘러싸고 이걸 어떻게 처리해야 하나 난감해하고 있는데, 아빠가 태연하게 접시를 꺼내 들고는 크게 한 조각을 잘라갔다. 맛있냐고 물어봤더니 먹을 만하다는 답이 돌아왔다. 다 버리기 아까워서 조금만 먹는 거겠지 했던 우리의 예상을 깨고 아빠는 한 조각을 또 먹었다. 게다가 요플레를 부어 먹는 상큼한 응용까지 해냈다. 너무 맛있게 먹는 나머지 다들 좀 전의 기억을 의심하며 한 입씩 더 먹었지만, 요플레까지 곁든 그것에서는 더 기이한 맛이 났다. 아빠는 케이크 비슷한 것을 그날 다 먹었다.

뭐든지 잘 먹는 아빠의 식성은 밥상에서 불평 하지 않는 태도에도 큰 도움을 주었을 것이다. 그렇다고 해서 12년이 넘도록 어떤 음식이든 만족스럽게 먹는 게 결코 쉬운 일은 아니다. 나는 엄마에게 듣는 아빠의 이런 모습이 새삼스럽다. 대충 보아 알고는 있어도, 엄마의 입을 통해 다시 듣게 되는 아빠는 조금 더 빛나고 멋있기 때문이다. 배우자를 향한 인정과 고마움이 켜켜이 쌓인 말을 부나 모에게서 들으면, (특히 나의 엄마 아빠는 그런 말을 자주 하는 편이 아니기 때문에) 나는 몸이 베베 꼬일 정도로 좋다.

엄마가 꺼내놓는 자랑은 거창한 구석이 없다. 플리마켓에 처음 참가한 셀러가 내놓은 물건처럼 소박하고 쑥스럽다. 그렇지만 그 자랑은 듣고 있는 나의 마음에도, 말하고 있는 엄마 스스로의 마음에도 고깔을 하나씩 세운다. 아빠를 한 방향으로만 생각할 수 없도록 색다른 터닝 포인트를 만든다. 내 마음에는 아빠는 이런 사람이야, 하며 새긴 길이 하나 있었는데 요즘 들어 여러 방향으로 길이 나고 있다. 엄마의 마음에는 비교할 수 없이 다양한 길이 있을 것이다. 어떻게 보면 엄마는 이미 잘 나있는 길을 따라 걷기만 하면 되는 사람은 아닌 것이다. 그러나 수많은 포인트를 스스로 찍어 터닝할 수 있는 사람임은 확실하다.

마려운 기분

책 많은 곳 가면 똥 쌀 거 같아.

저건 스스로에게 하는 말이다. 오늘로써 확신하게 됐다. 어쩌면 어렸을 적 도서관 화장실을 내 집처럼 들락거렸을 때부터 알아봤어야 할지도 모른다. 더 자라 고등학생 때 자주 간 도서관에서도. 그 외에 잠깐 들르는 서점에서도 우연의 일치겠거니 하고 넘겼으나 오늘. 중고서점에 자리를 잡고 본격적으로 책장 사이를 유영하는데 혹시가 역시가 됐다. 책 제목들을 훑자마자 괄약근이 반응하기 시작한 것이다. 정말 매번 타이밍 맞게 찾아오는 게 신기할 정도다. 좀 그렇지만 이 느낌을 자세히 표현하자면, 괄약근이 조일랑 말랑 조일랑 말랑 하는 느낌이랄까? 심장이 쿵쾅쿵쾅 벌렁대는 것처럼 말이다. 괄약근이 제2의 심장이라도 되는 걸까…. 의심스럽다.

심장이 벌렁거릴 땐 가슴을 부여잡으면 되지만 괄약근이 벌렁거릴 땐 부여잡을 곳이 없어 책장이나 벽에 손을 갖다 대고 힘을 꽉 준다. 똥이 마려울 때처럼 초조해지지만 참는다. '난 얼른 책을 구경하고 싶어. 화장실 가는 시간도 아깝다고! 제발 책을 다 골라서 앉을 때까지 라도….'

하지만 더는 참을 수 없는 순간이 온다. 팔다리에 힘이 빠지기 시작할 때다. 매번 이런 식이라며 버티던 나도 어쩔 도리가 없다. 들었던 책들을 나만 알게끔 얼른 책장 구석에 꽂아두고는 화장실로 직행해야 한다. 그런데 여기서 꼭 짚고 싶은 건, 그렇게 향한 화장실에서 백 프로의 확률로 큰 볼일을 보지는 않는다는 점이다. (볼 때도 있다는 의미) 화장실에 가면 언제 그랬냐는 듯 평온해진 적도 많다. 그럼 '또 당했구먼.'이라고 중얼거린다. 마려운 '기분'만을 물에 내려보내고 나는 다시 책이 잔뜩 있는 곳으로 간다. 속은 것 같긴 하지만 차라리 그게 더 낫다. 책을 앞에 두고도 읽지 못하는 시간을 단축할 수 있으니까.

오늘은 그래서 좋은 날이다. 무려 화장실에 가지 않고 마려운 기분을 이겨냈다. 손가락 사이사이에 낀 서너 권에 책들에 힘을 빠짝 준 덕분이었을까. 책도 읽고 글도 쓰고 말 거라는 엄청난 목표가 책 앞에서 느끼는 벌렁거림(설사 그게 심장이 아니라 괄약근을 통해 느껴진다고 해도)을 눌러버린 걸지도 모른다. 어쨌든 나는 아주 빠른 시간에 아주 마음에 드는 책을 세 권이나 가지고 자리에 앉을 수 있었다.

내가 책 앞에서 마려운 기분을 느낀다는 걸 아는 사람은 다혜뿐이었다. 걔는 나랑 같이 화장실에 동행하기 때문이다. 쌍둥이는 괄약근이 제2의 심장인 것까지 똑같나 보다. 이렇게 대놓고 썼으니 이제는 모두가 알게 되겠지? 최대한 고상하게 쓰려고 노력했지만 음. 실패한 거 같다.

그런데 똥 싸기 전 몸에서 약간씩 힘이 빠지며 소름이 돋을랑 말랑 하는 상태를 다들 즐기지 않나? (성급한 일반화) 남의 집에서, 혹은 어디를 바쁘게 이동하는 중에 오는 신호는 반갑지 않지만, 내 집에서 마려운 기분이 감지될 때 난 아주 반갑다. 그만큼 느긋하게 어떤 긴장감을 안고 있는 순간은 별로 없기 때문이다. 그러다 긴장이 최대치가 되었을 때! 시원하게 해치우면 또 언제 그랬냐는 듯이 평화롭다. 그렇다. 애초에 괄약근은 매일매일 긴장과 이완을 즐길 줄 아는 엄청난 놈이었던 것이다.

생각해보니 나를 마냥 풀어주기만 하거나 조이기만 하는 일에서는 마려운 기분을 느껴본 적이 없다. 긴장과 이완, 애정과 증오, 자신감과 두려움이 동시다발적으로 생성되는 일에서 괄약근은 반응한다. 가끔 심장이 너무 뛰어서 나 자신이 어떤 일에 맞닥뜨렸는지 알게 되는 것처럼, 몸의 반응으로 어떤 일을 대하는 내 마음을 알게 된다. 내 괄약근이 벌렁대는 타이밍은 이렇다.

앞서 말했듯이 수많은 책 가운데서 읽고 싶은 책을 고를 때. 엄청난 신중함이 요구된다. 일단 자리에 앉고 나서는 집중해서 책만 읽고 싶으니까. 절대 두 번 일어나서는 안 된다. 그렇다고 너무 부담이 돼서 울상이 될 일도 아니다. 부채감이나 조급함 없이 마냥 책만 읽을 수 있는 시간은 쉽게 주어지지 않으므로 기본적으로 매우 즐거운 상태기 때문이다. 이것이야말로 느긋한 긴장감의 대표 사례다. 십이면 십, 마려운 기분이 찾아온다.

그런가 하면 글쓰기가 주목적이고 중간에 잠깐 바람 쐬듯이 책을 읽는 날도 있다. 그럴 땐 조금 뒤 내 노트북을 펼쳐서 글을 써야 한다는 생각을 지속적으로 하면서 책을 읽는다. 그러다 계속 읽고 싶을 정도로 재밌는 책을 발견하거나, 곱씹고 싶은 문장을 만나면 짜릿하면서 써보고 싶은 이야기가 훅 떠오르기도 한다. 바로 책을 덮고 한글 파일을 켜 두었던 노트북에 양손을 얹는다. 눈 앞에 펼쳐진 새하얀 여백이 손의 움직임을 따라 검은 글씨들로 채워질 때 심장과 괄약근이 같이 벌렁벌렁거린다. 이 기분과 속도를 유지한다면 몇 시간이고 계속 쓸 수 있을 것만 같다. 마려운 기분이 들어도 의자에서 궁둥이를 뗄 수 없다. 절대적으로 버텨야 한다.

어떤 날은 카페에서 일하면서 '이 일만 끝내고 플레이리스트 만들어야지.'라고 생각했다. 손님이 계속 들어오거나 급하게 할 일이 꽤 오래 이어져서, 한참 후에야 앉아서 휴대폰을 손에 쥘 수 있었다. 손님이 들어오기 전에 내가 좋아하는 차분한 노래들로 쌈빡하게 만들어야지! 이때야말로 빠르고 확신 있는 손가락이 필요한 시점이다. 그런데 손가락에서 힘이 빠진다…. 아…. 안돼…. 제발….

펜을 들고 머릿속에 벌어지는 생각들을 끌어모으거나 좋아하는 노래'만' 골라 리스트를 만드는 것은 책을 하나하나 고르는 일과 굉장히 닮았다. 정말 느긋하게 즐기고 싶은 그 일들 속에는 묘한 긴장감이 있다. 그건 이왕이면 두 번 일어나고 싶지 않은 마음. 잘 해내고 싶은 마음이기도 할 것이다.

마려움이 아니라 마려운 기분을 선사할 줄 아는 괄약근을 소유하고 있다니. 나는 이 글을 쓰기 전보다 당당하고 자랑스러운 사람이 되었다. 오늘부로 마려운 기분을 더욱 즐기기로 마음먹는다. 더 이상 마려운 기분을 귀찮게 여기지 않으리라! 오히려 이 기분을 선사하는 일들이 내게 많아지면 좋겠다. 그건 분명 내가 좋아하는 데다가 잘하고 싶기까지 한 일일 것이기 때문이다. 싫어하는데 잘하고 싶으면 너무 힘든 기분만 안고 살아야 할 것이다. 느긋한 긴장감을 품는다는 건 그런 면에서 얼마나 멋진 일인지! 어느 날은 너무나 폭발적인 긴장감에 속을지라도. 어딘가로 돌진해 주저앉게 되더라도. 내게는 속았군…. 하고 잽싸게 돌아갈 책장과 종이와 플레이리스트와 기타 등등이 있다.

알바 권승연

　일하는 카페에 아르바이트생으로 들어온 권승연으로부터 요즘 많은 것을 얻는다. 나는 이 카페의 첫 아르바이트생이자 첫 직원이다. 꾸준히 손님이 늘어난 덕분에 두 번째 아르바이트생인 권승연을 만나게 되었다. 권승연이 오고 나서부터는 애가 일하는 모습을 보거나, 일하는 중간에 대화하거나, 애가 퇴근하고 나서 혼자 남으면 갑자기 어떤 깨달음이 다가와 나를 툭 친다. 그 충격으로 나는 잠깐 튕겨 나간다. 멀찍이 떨어져서 나를 바라보게 되는 것이다.

주 5일 근무하는 나와 주말에만 근무하는 권승연은 토요일에만 한 시간 만난다. 얘는 오전 열한 시에 출근해서 오후 여섯 시에 퇴근하는데, 나는 오후 다섯 시에 출근하기 때문이다. 그 한 시간 동안에는 어려웠던 음료를 같이 만들어 보거나, 레시피를 추가로 알려주거나, 음료 만들기 외의 부가적인 일들 가령 재료 잡기, 배달 준비 등을 한다. 다섯 시부터 여섯 시는 식사 전에 오기도, 식사 후에 오기도 애매한 시간이라 손님이 뜸해지기 때문에 기회를 놓치지 않고 최대한 많은 일을 알려주고 배우고 해내야 한다. 그러다 보면 눈 깜짝할 사이에 한 시간이 지나있다. 우리는 매주 "벌써 한 시간 지났어?"라고 말한다." 두 명이 함께 일하면 매일 이렇게 시간이 빠르게 가지 않을까." 하고 아쉬워하기도 한다.

일주일에 딱 한 시간, 그것도 이렇게 '일'만 열심히 하다가는 당최 권승연과 친해질 틈이 없을 것 같았다. 아무리 일인 근무 형태에 잠깐 만나는 사이라지만, 그렇다고 편의점 아르바이트처럼 인사만 딱 하고 인수인계만 딱 한 뒤 헤어지는 삭막한 사이는 내가 용납할 수 없었다. 나는 중간중간 중요하지도 않은 질문을 계속 던진다. 오늘은 점심으로 뭘 사 먹었는지, 힘든 손님은 없었는지, 어려운 메뉴가 있었는지부터 요즘은 어떻게 지내는지, 학교 과제는 할 만한지, 남자친구와 계속 잘 지내고 있는지까지…. 내 질문을 당하지 않고 보기만 했는데도 숨이 턱 막히는 사람이 여럿 있을지도 모른다…. 나도 쓰다 보니 살짝 눈치가 보인다. 나는 요즘 시대와는 안 맞는 최고 오지라퍼 상사(?)인지도 모르는 것이다.

다행히 권승연은 대부분의 질문에 살뜰히 대답한다. '뭘 이런 거까지 물어?' 하는 극혐의 표정은 띠지 않았다. (수많은 알바 경력이 애에게 남긴 건 사회생활일까?) 그러나 아직은 뭘 먼저 묻거나 나에게 말을 마구 걸지도 않는다. 때론 내게 잔뜩 치우쳐 있는 대화가 아쉽기도 하다. 가끔은 뭔가 꼬치꼬치 먼저 물어주면 좋겠다는 생각도 든다.

아쉬운 건 아쉬운 거고, 권승연과 한 시간 만남이 쌓일수록 내 질문은 더 다양하고 구체적 이어진다. 이래라저래라 코치하고 싶어서 꼬치꼬치 묻는 건 아니다. (소소한 라임) 카페에 찾아온 애의 남자친구를 한두 번 본 적이 있는데, 왜 자꾸 그의 존재를 살피게 되냐면 그건 오로지 권승연의 안부가 궁금하기 때문이다. 내 경험 상, 연인이 안부에 끼치는 영향력은 꽤 크기 때문이다. 그래서 '그와의 관계가 건강히 이어지고 있는지, 네게 힘을 주는지, 고민을 주지는 않는지'를 권승연만을 위해 묻고 싶어진다. 그러나 아무리 나여도 그렇게까지 물을 수는 없다. 던질 수 있는 질문은 "요즘 남자친구랑은 잘 지내?" 달랑 이거뿐. 그럼 권승연은 "네." 한다. 그게 끝이다.

다섯 시, 권승연이 퇴근하고 나면 나는 혼자 남아 일을 하는데 가끔 사장님이 들렀다 간다. 사장님은 나랑 짧게 만나는 그 순간에도 거의 매번 질문을 던진다. "요즘 별일 없어?"라든지 "남자친구랑은 잘 지내?", "글은 잘 쓰고 있어?" 같은 질문들이다. 대부분 살뜰히 대답하지만 몇 개의 질문에는 나도 "네"로 일관하는데, 어느 날은 "네"하고 대답해놓고 알아채 버렸다. 방금까지 내가 권승연에게 묻던 말을 사장님이 내게 묻고 있다는 것을. 사장님도 내 안부가 많이 궁금했던 것일까? 남자친구가 못마땅해서 물어보나 싶을 때도 있었는데 그건 오직 나를 위한 질문이었던 걸까? 내가 요즘 사장님에게 질문했던가? 사장님도 때로 나와의 대화가 아쉬울까? 속으로 물음표가 마구 생겼지만, 얼굴로 티를 내지는 않았다. 나는 사장님의 질문이 99.9프로의 확률로 듣기 좋았는데, 권승연도 그러면 좋겠다고 생각했다.

하루는 권승연이 화장을 정성껏 하고 출근했다. 평소 화장을 거의 하지 않고, 편한 옷차림으로 일하던 애가 눈꼬리도 그리고 아이섀도도 칠하니 분위기가 달라 보였다. 바쁜 시간대를 견디고 맹~한 표정을 짓고 있는데도 얼굴에는 색이 돌았다. 색을 얹어놨으니 당연하지. 아무튼 예뻐서 "웬일로 화장했어?"하고 물으니, "그냥 오늘 좀 일찍 일어났어요."라는 대답이 돌아왔다. 그날 퇴근하는 권승연에게 "오늘 너무 예쁘다. 평소에도 좀 일찍 일어나봐." 했더니 웃었다. 나도 웃으면서 한 칭찬이었는데 얘가 뒤를 돌자마자 후회가 되었다. '화장을 어울리게 잘했다'는 말을 하고 싶었음을 조금만 더 생각해보니 깨달았다.

매일같이 열심히 화장하고 꾸며야만 어딜 돌아다니는 나는 힘을 주지 않고 출근할 줄 아는, 출근할 수 있는 권승연이 오히려 부러울 때가 많았다. 그런 애를 나처럼 만들려고 했다니. 기분이 상했을까 하는 염려도 됐지만 다음 주에 화장하고 올까 봐 그게 두려웠다.

한 주가 지나고 오후 다섯 시에 본 권승연의 얼굴엔 화장기가 없었다. 피로만 덕지덕지 묻어 있었다. 내 말을 귓등으로 듣는 권승연이 정말로 좋아지는 순간이었다. 아이섀도와 아이라인을 얹지 않은 권승연은 역시 편하고 자유로워 보인다.

토요일에만 만나던 권승연을 월요일 오후 한 시에 만난 날이 있었다. 직원과 아르바이트생이 가지는 첫 회식이었다. 권승연이 자기는 다 좋다고, 상관없다고 해서 확실하게 내가 좋은 요일과 시간에 만났다. 사장님은 편하게 둘이 먹고 오라며 카드를 건네주었다. 그때부터 나는 사장님이 우리 대화에 주주 주제가 될 것을 직감했다.

우리는 초밥집에서 점심 특선과 회덮밥을 먹으며 이야기했다. 평소와 다른 이야기를 하고 싶었지만 결국은 비슷했다. 죄다 '가게'와 '사장님', '손님'과 '음료'에 관한 말들이었다. 하고 싶은 일이나 재밌는 관심사, 가족이나 일상 얘기를 마음껏 터놓기에 일주일에 한 번, 한 시간 만나는 우리는 조금 먼 사이였다. 아무래도 주 3회, 다섯 시간 정도는 만나줘야 가능해지지 않을까. 웃고 떠들 수 있는 것만으로도 만족스러운 사이일 거라고 스스로 위로했다.

나는 매주 나눴던 이야기에서라도 더 파고들기로 했다. (역시 피곤한 상사인가) 너는 주로 어떤 실수를 해서 혼나냐, 그만두고 싶은 적은 없었냐를 묻다가 내가 아르바이트 포함 2년이 넘게 일한 짬으로 사장님 성대모사를 하는 바람에 둘이 실컷 웃었다. 기브 앤 테이크로 나의 실수담도 얘기해줘야 할 것 같아서 아르바이트생이었을 당시의 이야기를 했다. 내가 하도

덜렁대는 바람에 사장님이 한숨을 푹푹 쉬었었다고 '과거형'으로 말했는데, 권승연이 한마디 했다. 최근 사장님이 자기에게 한 말이랬다.

"승연이 너는 꼼꼼한데 대처 능력이 없고, 다은이는 안 꼼꼼한데 대처 능력이 좋아."

그 말을 듣고 먹던 초밥이 목에 걸릴 뻔했다. '현재형'의 말투가 내 명치를 때렸기 때문이다. 음. 권승연 앞에서 실컷 꼼꼼해진 척했는데 다 틀렸군.

또 하나, 사장님이 우리 둘을 너무 잘 파악하고 있어서 놀랍고 웃겼다. 같이 일하는 동료처럼 느껴질 정도로 편할 때가 있는 사장님이 나의 고용주라는 사실이 새삼 다가왔다. 한편으로는 어쨌든, 일을 계속 맡길 만한 강점이 내게 있어서 다행이었다.

웃겨서 다혜에게도 이 말을 전해줬더니 "안 꼼꼼하니까 대처할 일이 생기고, 대처한 일이 많으니까 대처 능력이 좋은 거지."라고 했다. 나는 이제야 나를 좀 안듯이 굴었는데 얘는 당연한 걸 뭘 말하냐는 표정이었다. 가끔은 주변 사람에게 듣는 객관적인 말이 필요한 것 같다는 생각이 들었다. 나의 어떤 모습은 지속해서 모른 척하고 싶을 때가 있기 때문이다. 그리고는 또 까먹고 자신만만하게 살아갈 테지만.

이 카페에 입성하기 전에도 여러 곳에서 아르바이트를 주구장창 해왔지만, 그 시절엔 아르바이트 동료들과 북적거렸던 기억뿐이다. 비슷한 환경에서, 비슷한 시간만큼 일하는데도 사장님과 직원인 나와 아르바이트생 권승연이 있는 이곳에서는 조금 다른 생각들을 하게 된다. 나를 다시 발견하고, 사장님도 권승연도 날마다 새로 알아간다. 직원으로서 아르바이트생을 처음 접해서인지, 그 아르바이트생이 권승연이기 때문인지는 모르겠다. 한 시간씩의 만남이 어느덧 육 개월에 이르렀다는 사실, 아무래도 권승연의 특기는 금방 그만두지 않는 게 맞다는 사실은 알겠다. (권승연이 일한 지 얼마 안 됐을 때부터 나는 저 아이의 특기가 '그만두지 않기'일 것이라고 말하고 다녔다)

권승연이 카페에 들어오고 난 후로 내가 얻은 것을 걔는 짐작조차 못 할 것이다. 내가 이런 글을 쓸 건 더 모르겠지. 오늘이 마침 토요일이어서 "나 너가 등장하는 글 썼는데, 본명 그대로 써도 돼?"하고 물어봤는데, "에…. 저를요?"하고 맹하게 대답할 줄 알았던 권승연이 "에!"라고 했다. "써도 된다고? 제목도 아예 알바 권승연인데 괜찮아?"하니까 또 "에!" 했다. 지금껏 글에 써도 되냐고 물어본 사람 중 애가 가장 빠르고 확실하게 대답했다. 나도 모르게 "개쿨한데???"라고 말하고 말았다. 이 글에서는 개쿨한 '권승연'이 31번 언급된다. 아, 이 말까지 합치면 총 32번이구나.

놈과 놈과 놈

 나는 위로 한 살 오빠가 있고, 아래로 일 초 동생이 있다. 연년생 삼 남매라 그래도 혀를 차거나 고개를 절레절레할 판에 쌍둥이 포함 삼 남매라는 말을 들으면 사람들은 대게 이런 말을 한다. "너희 어머니 진짜 힘드셨겠다…!", "어렸을 때 진짜 많이 싸웠겠다.", "그래도 너희는 참 사이가 좋구나?"

 워낙 이런 말을 많이 들었던 터라 상황과 기분에 따라 대꾸는 대충 정해져 있다. 어색한 사이일 땐 "맞아요…. (쑥스럽게 말끝을 흐리며 효심 깊은 표정)"라고 한다. 대부분의 질문을 이 대답 하나로 프리패스할 수 있음을 터득했다. 적당히 TMI를 던지는 사이일 땐 "저희는 오빠한테 상대도 안 됐죠. 싸운 게 아니라 혼난 거예요. (동생 입장)" "무슨 말이야~ 맨날 너희끼리 편먹었지(오빠 입장)" 서로 진심을 다해 억울한 표정을 지으며 말한다. 마지막. 편할 대로 편한 사이일 땐 "사이 별로 안 좋아요(우리 모두의 입장)"라고 한다. 중고등학생 땐 하하호호. 맞아요. 저희 사이좋아요 라며 뿌듯한 표정을 짓곤 했는데…. 우리 대답에도 세월의 때가 많이 묻은 듯하다.

우리 셋은 친하다. 그런데 사이가 좋은지 묻는다면 예전처럼 자신 있게 말하진 못하겠다. 사이좋다는 말은 상냥하고 배려하고 싸우지도 않는 사이를 두고 써야 할 것처럼 느껴지기 때문이다. 모든 게 너무 잘 맞아서 물 흐르듯 평화로운 사이 말이다. 그러기에 우리 셋은 좀 시끄럽다. 요즘 따라 더 안 맞는 것 같다. 신기한 건 그렇게 혼연일체인 듯 살아가는 나와 다혜도 오빠와 함께 있을 땐 딱 분리가 된다는 점이다. 나도 모르게 다혜를 관찰하면서 '나랑 성격이 다르구나….'라고 생각하고 있다.

왜 오빠랑 있을 때 그 차이가 부각되는 걸까 고민하다가 오빠의 성격 때문인 것 같다는 결론에 이르렀다. 오빠 성격이 드러워...서 그렇다는 건 절대 아니고. 비유하자면 지각변동 같은 거다. 지각변동은 지구 내부에 원인이 있어 일어나는 지각의 변형을 말하는 것인데, 지진이나 화산 때문에 일어나는 변형은 급격히 일어나기 때문에 측정할 수 있다고 한다. 그러나 오랜 시간에 걸쳐 서서히 융기하거나 침강한 지반은 관찰하기가 어렵단다. 고등학교 과학 시간에 배웠던 걸 다시 끄집어냈더니 머리가 아프다.

어쨌든 우리 셋은 스무 살 때부터 자취 혹은 군대 생활을 하며 1:2로 찢어져 지냈다. 한 빌라에서 살아도 나와 다혜가 한 집, 오빠는 옆집에 살았다. 같은 집에서 서로의 의지와는 상관없이 무지막지한 영향을 주고받던 우리가 무려 6년이 넘는 기간을 떨어져 지낸 것이다. 만나는 사람도 다르고, 생활하는 패턴, 경험하는 일 모두 달랐다. 그런 중에도 나와 다혜는 여전히 모든 것을 같이 했지만 말이다. 스무 살 이후부터 그래 왔으니 우리도 모르는 사이 서서히 다른 가치관과 개성이 자라났을 거였다. 아주 뚜렷한 무늬를 새기면서.

계속 비슷한 변동을 겪어온 나와 다혜가 오랜만에 오빠를 만나면 지진이나 화산이 일어난다. 비교적 새로운 말투, 새로운 시선, 새로운 가치관이 나와 다혜 사이를 비집고 들어오기 때문이다. 우리 둘은 갈라진다. 오빠에게 반응하는 태도에서 차이가 드러나는 것이다. 그래서 나는 오빠와 있으면 좀 더 까불까불하고 자존심이 세고 말이 많고 활동적인 사람이 된다. 반면 다혜는 확연하게 느리고 순하고 바보 같고 착해진다.

웃긴 건 오빠가 "다혜보다는 다은이가 나랑 성격이 더 맞는 것 같아."라는 말을 자주 했던 게 기분 탓이 아니었다는 사실이다. 최근에 다시 검사해본 MBTI 결과를 서로 공유하다가 오빠와 다혜 사이를 이어주는 제격의 사람이 바로 나라는 걸 알게 됐다. 결과를 공개한다. 출처는 나무위키.

브라더
ENTJ

논리 분석적으로 계획하고 조직하여 체계적으로 추진해 나가는 형이다. 다른 사람의 의견에 귀를 기울일 필요가 있으며….

시스터
ISFP

말없이 다정하고 온화하며 사람들에게 친절하고 겸손하다. (...) 결정력과 추진력이 필요할 때가 많을 것이다.

나
ENFP

따뜻하고 정열적이고 활기에 넘치며 재능이 많고 상상력이 풍부하다. 온정적이고 창의적이며 항상 새로운 가능성을 찾고 시도하는 형이다.

보이는가? 둘의 유형을 반씩 잘라 붙이면 바로 내 성격이 된다. 글을 쓰는 사람이 나이기 때문에 장점만 쓴 게 아니라 워낙에 ENFP가 장점이 많이 쓰여 있다. 주변에 한 명쯤 있으면 도움이 될 성격유형이다.

생각해보면 내가 딱 중간일 때가 많았다. 오빠의 승부욕이 100이라 치다면, 다혜는 그 옆에서 지면 어때~ 하며 0으로 치닫는다. 오빠가 너무도 체계적인 미래를 그려놔서 나를 놀라게 한다면, 다혜는 아주 소박한 꿈을 얘기하며 나를 놀라게 한다. "너 진짜 그거면 돼...?"라고 내가 물을 정도다. 나는 그 사이에서 고뇌한다. 우리 둘이 너무 느긋하고 무계획적이라 오빠가 저렇게 된 건 아닐까...? 우리 둘이 너무 비판적이고 욕심이 많아서 다혜가 이렇게 된 건 아닐까...?

그래서 우리 셋이 만나면 시끄럽다. 양극단과 그 중간에 낀 사람이 만나 고민과 비교와 놀림과 우려와 포기를 우렁차게 주고받기 때문이다. 눈을 질끈 감으며 물 흐르듯 편안하고 싶다고 생각할 때도 물론 있다. 하지만 우리의 다이나믹한 지각 변동은 삼 남매의 사이가 팔팔하게 살아있다는 증거인 듯도 하다. 죽어있다면 이토록 서로에게 리액션할 수는 없을 테니 말이다. 나이가 들수록 소원해지는 여러 어른 형제자매들을 보면서 우리 셋의 다짐은 더욱 굳세어진다. 우리는 자주 만나서 놀아야만 한다고. 그때마다 주기적으로 MBTI 성격 검사를 해보는 것도 좋겠다. 나이를 먹으며 우리가 점차 비슷해질까? 하긴. 여기서 더 달라질 곳도 없다.

마이 팔로워

 친구는 어떻게 사귀는 거지? 요즘은 친구 사귀는 법은커녕 친구가 뭔지도 잘 모르겠다. 오래전부터 내 친구 목록에 새로운 바람이 일지 않았기 때문일 수도 있다. 이미 친구인 사람과 친구였다가 아니게 된 사람과 원래부터 아닌 사람이 있을 뿐이다.

 친해지는 능력이 없는가 하면 그건 또 아니다. 나는 사람들에게 말을 잘 걸기 때문이다. 처음 보는 사람이든 몇 번 본 사람이든 먼저 말 거는 게 어렵지 않다. 아르바이트를 오래 했던

레스토랑에서는 새로운 알바생이 들어올 때마다 나를 쿡쿡 찔러댔다. 같은 방법으로 나랑 친해진 애들이 "야 네가 가서 빨리 말 걸어봐~ 너 잘하잖아."라고 하거나 사장님이 나서서 "다은아. 오늘 신입 교육은 네가 좀 해줄래?"하고 부탁하는 식이었다.

학교에도 아르바이트하는 곳에도 교회에도 친한 사람은 늘 있었다. 우리는 몰려다니고, 단톡방을 파고, 늦은 밤에 만나 치킨도 자주 먹었다.

고등학교를 졸업하고, 아르바이트를 그만두고, 이사를 하면서 친한 사람들은 결국에 멀어졌다. 보려고 작정하지 않아도 보고, 만나려 날을 잡지 않아도 만나던 사람들이었는데 이제는 작정하고 날을 잡아야 했다. 나는 친화력은 좋지만 작정은 못 하는 사람이었다. 단톡방에서 계속 떠들면서 약속을 잡고 어디로 놀러 가고 자주 만나고 업데이트된 소식을 공유하는 게 힘들고 귀찮았다. 그럴 필요도 별로 느끼지 못했다. 즐거움도 물론 있었지만, 그것을 위해 투자하는 시간이나 노력이 버거워 나가떨어졌다고 할까. 친한 사이를 이어나갈 체력과 끈기가 없었다. 내 가장 가까이에 누구보다 잘 맞고, 재미있고, 얘기할 거리가 끊이지 않는 다혜가 있기 때문일지도 모른다.

어느새 저 아래로 내려가 부활할 기미조차 없는 단톡방이 수두룩하다. 그 애들도 나처럼 나가떨어진 걸까, 생각하며 삭제하거나 퇴장하지도 않고 그냥 두었다. 그러다 SNS에서 몇 명의 애들이 모인 사진을 발견하고부터는 어쩌면 단톡방이 죽은 게 아니라 새로 태어난 걸지도 모른다고 생각했다. 내게는 친구가 아닌 사람들이 사진에서는 친구처럼 보였다. 친구라는 건 친화력보단 지구력 있는 사람에게 걸리는 메달인 듯했다.

이런 일들을 겪으며 누군가와 친구가 되는 일에 무기력해졌다. '이 사람과 나중에도 만나고 있을까? 우리가 친구가 될까?' 친해지는 동시에 의심을 한다. 나를 향한 의심이다. 이번에도 노력하지 않을 것 같다는 자포자기이기도 하다. 수학이 어려우니 더 이상 노력하지 않겠다고 선언하는 수포자처럼. 나는 그렇게 친포자가 되고 만 것이다.

그러다가 유난히 지구력이 빛나는 사람을 만나게 될 때가 있는데, 나는 그들 가운데서 한 가지 공통점을 발견했다. 오지랖이 태평양 수준이라는 것이다. 그중에는 친구가 아주 많은 사람도 있고, 적은 사람도 있지만 그들에게 '얕은' 관계는 없는 듯 보였다. 넓고 깊든가, 좁고 깊었다. 자신의 친구에게 쏟아붓는 관심의 양과 질이 대단했다. 친구의 아픔과 슬픔, 기쁨과 행복, 걱정거리를 아주 살뜰히 챙겨주는데 옆에서 구경하는 내 체력만 방전되는 것 같았다.

나는 그들을 신기한 눈으로 쳐다보면서 '이런 사람이 내 친구가 되어주면 좋겠다….'라고 탐을 낸다. 오래전 중고등학생 때나 대학생 때, 아니 내 나이 스물넷 까지도 이런 사람을 만나면 나는 편지를 썼다.

'내가 연락도 잘 안 하고, 잊을 만하면 만나자고 해도 내가 너 좋아하는 거 알지? 네가 먼저 연락 좀 해줘. 나랑 친구로 지내줘! 제발!'

마음을 담아 꾹꾹 눌러썼다. 지금 생각해보니 나를 친구로 여겨 달라고 간절히 부탁한 것과 다름이 없다. 정작 나는 내가 널 친구로 등록할지는 잘 모르겠어…. 왜냐면 난 그거 잘 못 하거든…. 이라는 말도 안 되는 태도를 취하면서 말이다.

인스타그램에는 '팔로워'와 '팔로잉'이라는 개념이 있다. 팔로워는 나를 친구로 등록한 사람, 팔로잉은 내가 친구로 등록한 사람을 의미한다. 친구로 등록하는 행위를 '팔로우'라고 한다. '내가 선팔(로우) 할 테니 맞팔(로우) 부탁드려요.'라는 댓글도 심심치 않게 볼 수 있다.

 인스타그램의 '팔로우'는 서로가 동의해야 친구가 되는 페이스북의 '친구 추가'나 싸이월드의 '일촌 추가'와 다르다. 일방적으로도 친구가 될 수 있다. 인스타그램에서 팔로우는 쿨하게 이루어진다. 많은 사람들이 스스럼없이 '일방적인 친구'가 되는 것이다. 그중에는 혼자서 누구보다 뜨겁게 우정 혹은 애정을 표현하는 사람들도 있다. 댓글을 달고 좋아요를 누르고 메시지를 보내면서 말이다.

 친포자가 된 이후로 내가 좋아하는 사람들이 날 팔로우해 주기를 바라 왔던 것 같다. 내가 반응이 없어도, 받은 걸 똑같이 돌려주지 않아도 날 친구로 등록해주기를 원했던 것이다. 때론 쿨하게, 때론 뜨겁게! 그러나 이 사실을 나만 몰랐지, 그들은 알았을지도 모른다는 생각이 든다. 그들은 정말 충실한 팔로워처럼 나를 대해주고 있기 때문이다.

 바쁜 프랜차이즈 매장에서 매니저로 일하는 친구 최는 쉬는 날에 내가 사는 동네까지 찾아온다. 만 원 가까이 돈을 내며 택시를 타고 오는데 나는 그 가격만 들어도 미안한 마음이 들어 괜히 버스를 타고 오라고 타박한다. 그럼 걔는 "힘들어서 버스 못 타~ 난 이러려고 돈 버는겨~"라고 말한다. 걔는 내가 아는 사람 중에 돈 버는 이유가 굉장히 확실한 사람이다. 돈을 모아야 할 장기적이고 커다란 목표가 하나 있는데도 최는 그건 그거고~ 이건 이거지~라고 한다. 특히 친구를 위해 쓰는 돈을 아끼지 않는다. 그 덕분에 내 작은 원룸에는 최가 준 크고 작은 선물들이 다양하게 존재한다. 특별한 날도 아닌데 직접 만든 케이크와 꽃다발을 이고 지고 오는 애다. 팔로워를 넘어서 내 팬이라고 해도 기분 나빠하지 않을 거다.

팬이라고 하니 생각나는 또 한 명의 친구가 있다. 모는 나와 별로 안 친했었는데 내가 인스타그램에 글을 올리기 시작한 2016년부터 팬을 자처하다가 친구가 되었다. 첫 책을 내기 위해 출판사와 미팅이 있던 날, 모는 청주에서 나를 태워 서울까지 운전해 갔다. 미팅 중에는 뻘쭘하고 어색해하는 나 대신 나를 어필해주었다. 모는 몇 년째 내가 써준 이름 시를 카톡 프로필 사진으로 해놓는다. 모를 보고 있으면 내가 친구를 사귀는 버릇이 잘못 들어도 한참 잘못 들었다는 걸 인정하게 된다. 버릇없는 탕자처럼 어느 날 문득 이렇게 살면 안 되겠다는 깨달음을 얻고, 나는 모에게 조금이라도 먼저 연락하려고 노력한다.

나이 차가 많이 나는 친구도 있다. 나보다 열두 살, 열다섯 살이 많은 부부다. 어느 달에는 그 집에서 먹고 자고 논 날이 내 집에서 그런 날보다 많은 적도 있다. 특별한 날엔 특별해서 밥을 차려주고, 하나도 특별하지 않은 날엔 잘 챙겨 먹고 다녀야 일상에 힘이 생긴다며 밥을 차려주는 분들이다. 요즘은 일주일에 한두 번 보는 게 다지만, 아직도 나를 확신하지 못하겠는 날엔 그들을 찾아간다. 알고 지낸 2년 동안 내가 가장 애쓴 것은 그들이 베푸는 친절과 격려와 걱정과 물질을 당연시하지 않는 것이었다. 당연하게 주는 걸 잘하는 사람들이라서 내 쪽에서 정신을 차려야 했기 때문이다. (말하고 보니 그들이 마치 사기꾼처럼 읽힌다)

친구가 무엇인지, 친구를 어떻게 사귀는지 모르겠는 나여도 이 사람들이 나를 친구로 여겨준다는 사실만은 안다. 이 사람들은 어째서 한결같이 내 곁에 있을까. 어떤 때는 신나 달리다가도 금방 지쳐 멈추는 변덕스러운 나. 언제든 가장 안전하고 안락한 동굴에 들어갈 준비를 하는 나인데. 내 옆에서 그들은 매번 바라는 건 없다는 표정이다. 자기들이 좋아서 하는 거라고 말한다. 내가 자기들을 맞팔로우 했는지가 그들에겐 딱히 중요하지 않을 것이다. 나는 그들을 보고 따라 한다. 배우고 싶은 것은 우리가 친구가 되는 법이 아니라 내가 너를 친구로 여기는 법이다. 나의 팔로워들이 이 분야에서 너무나 전문가라서 다행이다. 나 또한 그들의 팔로워이기 때문이다. 나는 금세 그리고 지속적으로 게다가 공짜로 이 값진 우정을 배우게 될 터였다.

어떤 이름은

　이름은 한 사람만 관여해서는 만들어지지 않는 공동의 세계. 다정한 사람도 무심한 사람도 넓은 사람도 좁은 사람도 그곳에서 만난다. 사랑하는 사람을 만나지만 사랑하지 않는 사람도 만난다. 어떤 이름은 나의 잘함이 없어도 다가오고, 어떤 이름은 나의 못 함이 없어도 떠나간다. 누가 누구를 끝없이 품는 일과, 누가 누구를 끝없이 밀어내는 일이 일어나는 곳. 무수히 많은 이유가 있지만, 아무런 이유도 없어 보이는 곳. 이름은 바다의 모양새를 하고 있는지도 모른다.

어떤 이름은 누군가와 이야기하다, 오랜만에 휴대폰 앨범을 뒤적이다, 문자 보관함을 정리하다, 맛있는 음식을 먹다 문득 내 곁에 없는 게 실감이 났다. 그중에는 떠나간 이름도, 떠나보낸 이름도 있었다. 이름이 떠오르면, 그저 멈추었다. 그들은 어디로 갔을까 생각하다 보면 하던 일을 자연스레 이어갈 수가 없었다. 때론 미안해서, 때론 아쉬워서 흘러가 버린 이름을 향해 있었다. 앞으로 나아가기 위해 멈춰 선 적은 단 한 번도 없었다. 갈 곳 없고 할 일없었다면 하염없이, 하염없이 뒤돌고만 있었을 멈춤이었다.

요즘 달라진 점이 있다면, 내가 볼 수 없는 바다의 끝을 상상해보려 한다는 것이다. 어렴풋한 그곳에는 내 곁을 떠난 이름이 떠다니고 있다.

한결같이 가까운 이름에게 고마움을 전하며, 희미해진 이름에게는 미안함을 띄워 보내는 게 내가 할 수 있는 일의 전부일 수도 있다. 그렇다 해도 그들의 존재를 기억하며 앞으로 앞으로 나아가고 싶다. 잊지 않는다면 어떤 노력들은 닿을 것이다. 어쩌면 아무것도 닿지 않았는데 이름이 내게로 올지 모른다. 이름은 그런 것이니까. 나는 이름에게 빚을 지고 있다.

에필로그

　이번 책을 쓰기 전, 독립 출판하려고 준비한 책이 있었다. 1년이 넘게 원고를 쓰고 책을 구상했지만 나 자신의 검열을 넘지 못했었다. 정했던 제목은 〈좋아할수록 재미는 사라지고〉. 좋아하는 것을 대하는 내 태도가 참 한결같았음을 깨닫는다.

　이제는 좋아할수록 재미도 있는 사람이 되고 싶다. 유쾌하지만 소심한, 소심하지만 유쾌한 태도를 유지하며. 그럴 자신이 있다.

책이 잘 진행되어 가는지 꾸준히 물어준 사람들과 아무것도 묻지 못하는 사람들이 나를 얼마나 아끼는지 느낄 수 있었다. 믿고 기다려준 가족과 편집자님께 특히 감사하다고 말하고 싶다. 마지막으로 나를 인도하시는 주께 감사드린다.

유쾌하지만 소심한 사람

초판 1쇄 발행 | 2020년 08월 25일

| 글 | 이다은 |
| 그림 | 고혜영 |

펴낸곳	Deep&Wide
발행인	김한욱 신하영 이현중
도서기획	김한욱 신하영 이현중
편집	김한욱 신하영 이현중

주소	서울특별시 마포구 성미산로1길 21 사울빌딩 302호 (03971)
이메일	deepwidethink@naver.com
ISBN	979-11-971049-1-6

이 도서의 국립중앙도서관 출판예정도서목록(CIP)은 서지정보유통지원시스템(http://seoji.nl.go.kr)과 국가자료종합목록시스템(http://www.nl.go.kr/kolisnet)에서 이용하실 수 있습니다.

ⓒ Deep&Wide, 2020

파본은 구입하신 서점에서 교환해 드립니다.
이 책은 저작권법에 의하여 보호를 받는저작물이므로 무단 전재와 복재를 금합니다.